# LA
# LETTRE
# ADMINISTRATIVE :

## Guide de présentation et de rédaction

Éditions d'Organisation
1, rue Thénard
75240 Paris Cedex 05
Consultez notre site :
www.editions-organisation.com

Mireille BRAHIC

# LA
# LETTRE
# ADMINISTRATIVE :

## Guide de présentation
## et de rédaction

Éditions
d'Organisation

# SOMMAIRE

# Introduction

Le rédacteur débutant attend, en guise d'initiation à l'art de la correspondance, qu'on lui fournisse un modèle universel de présentation parfaite de la lettre, et une série de phrases qui lui serviront dans les différents cas.

Or, si un modèle de présentation existe, il n'est pas unique. En effet, d'une part, chaque ministère et presque chaque collectivité locale a élaboré sa charte graphique. D'autre part, les règles de la correspondance administrative ont, de tout temps, distingué quatre formes de lettres, à travers la présence ou l'absence d'éléments. Distinctions qui n'existent pas dans le secteur privé.

**● Remarque**

Il n'existe donc pas un, mais **des** modèles, et le rédacteur doit, à chaque fois, analyser dans quel cas de figure il se trouve, afin de choisir la présentation adéquate.

Toutefois, l'administration se modernisant, l'aspect pratique est en train de supplanter la théorie, et ces principes, au quotidien, sont appliqués avec moins de rigueur.

**● Remarque**

Néanmoins, lors d'une épreuve de concours administratif, la connaissance de ces règles rapportera des points.

Il n'existe, par ailleurs, aucune liste de phrases qui pourrait servir à traiter tous les cas de correspondance. Toute phrase doit, en effet, être élaborée à partir de l'information à exposer. La rédaction administrative ne se résume donc pas à la connaissance des « *bonnes formules* », même si les règles de courtoisie en imposent quelques-unes dont le sens, pour la plupart, suffit à les justifier.

> ● **Remarque**
> Il est besoin, en somme, plus de bon sens que de mémoire.

*En outre, l'arrêté du 2 juillet 2001 a créé le Comité d'orientation pour la simplification du langage administratif (COSLA) qui enjoint les administrations d'abandonner les phrases pompeuses, les redondances et les détours dont elle avait la spécialité (sans que cela ne lui ait jamais été imposé), pour se consacrer à la recherche de la simplicité et de la précision.*

> ★ **Conseil**
> Rédiger une lettre, ce n'est donc pas enchaîner des phrases qui sonnent bien, mais c'est avoir le **projet** d'exposer clairement et complètement une situation, ou de répondre clairement et complètement à une demande.

Au reste, informer le destinataire direct n'est pas la seule fonction de la lettre. De telles informations peuvent, de nos jours, être facilement données par téléphone. S'il est indispensable d'écrire, c'est en prévision de réclamations que pourrait former un tiers mal intentionné entre les mains de qui la lettre pourrait tomber. Une lettre est donc plus qu'un document qui informe son destinataire.

> ★ **Conseil**
> Elle doit être rédigée comme la preuve que son destinataire a été correctement informé à la date voulue.

C'est pourquoi, outre la présentation de la lettre et les formules de courtoisie, cet ouvrage abordera une méthode de recueil des informations et des conseils pour simplifier son langage : il ne s'agit pas d'adopter un langage simpliste ou vulgaire, mais simplement une syntaxe moins lourde et un vocabulaire susceptible d'être compris par le plus grand nombre tout en restant précis.

★ **Conseil** ——————————————————————————————

Plutôt que de vouloir respecter une foule de détails, attachons-nous à exposer une information objective, claire concise et complète

Toute lettre doit être complète, homogène, polie ; avoir de la tenue, de la clarté, de l'objectivité ; traiter d'un seul sujet, être concise, suivre un plan... Mais l'énumération de ces qualités ne nous informe pas sur l'aspect d'une lettre administrative, sur son contenu et encore moins sur la méthode à suivre pour parvenir à l'élaborer. Trop d'interdits ou d'injonctions nuisent à l'expression intelligible de l'information. C'est une méthode précise d'élaboration de la lettre qui est nécessaire et que ce livre veut vous offrir.

# Comment présenter la lettre administrative

## 1 La lettre administrative peut prendre différentes formes en fonction de son destinataire

La présentation de la lettre n'est pas universelle. Celle de la lettre administrative non plus. Sur une base commune, les différents ministères, voire les différents établissements d'un ministère, défendent leurs traditions. D'autant plus qu'il s'agit d'**établissements**[1] en relation avec le secteur privé (établissements industriels, culturels...), des entités du secteur public ont concrétisé leurs habitudes dans des **chartes graphiques***. Celles-ci définissent essentiellement des logos créés tout exprès, des largeurs de marges, des **alinéas*** rentrants ou alignés... Pour ce genre de détail, il n'y a pas de faute possible. Il suffit de connaître, ou d'avoir à portée de main un manuel de références et d'en appliquer les consignes. Le plus souvent même, les pages du traitement de texte ont été conformées au gabarit prescrit, et il suffit de saisir le texte de la lettre.

---

1. Les mots signalés par un astérisque sont définis au lexique, p. 173.

> **Objectif concours**
>
> Lors d'une épreuve de concours, ce genre de petit détail n'a pas d'importance — d'autant plus qu'il faut composer sur une copie lignée double de concours et non sur une feuille blanche de format A4.
>
> Ce qui a, en revanche, de l'importance, c'est de savoir différencier la forme administrative, la forme personnelle, la forme d'une demande personnelle et la forme d'une lettre privée en rapport avec la fonction occupée. En effet, la première difficulté d'un sujet de concours réside précisément dans l'identification de la bonne forme de la lettre pour disposer aux bons endroits les mentions imposées à cette forme (voir tableau récapitulatif p. 33).

**La lettre administrative en forme administrative s'échange, pour traiter des affaires courantes, entre services administratifs ne dépendant pas de la même administration centrale\* (voir p. 34)**

*Par exemple, le bureau d'assistance aux familles de l'armée de Terre écrit à la caisse d'allocations familiales ; le bureau des concours de la direction de l'Aviation civile écrit à un directeur de lycée ou le bureau du personnel de la cour d'appel écrit à la direction de la Police. C'est la lettre qui demande de régulariser la situation d'un administré, qui s'informe sur la situation familiale d'un fonctionnaire, qui demande un prêt de locaux pour organiser une épreuve de concours, etc.*

**La note administrative permet les échanges entre services dépendant d'une même administration centrale (voir p. 39)**

Elle se présente et se rédige comme une lettre, mais en guise de suscription, c'est-à-dire entre le **timbre\*** et les **mentions en marge\***, figurera un titre comme :

© Éditions d'Organisation

## Note pour Monsieur le Directeur
## ou
## Note à l'attention de Monsieur le Chef du service social
## ou
## Note au personnel du service X

La « *note* » peut devenir une « *note de service* » si elle annonce ou rappelle des points de règlement interne ; une « *note d'analyse* » si elle expose ce qu'un document contient d'utile pour traiter les affaires courantes ou une « *note de synthèse* » si elle sort d'un dossier les informations immédiatement utiles.

**La demande personnelle est le moyen par lequel un** agent* **de l'État demande un renseignement concernant sa carrière, fait valoir son droit ou sollicite de sa hiérarchie, à titre personnel, l'octroi d'un avantage** (VOIR P. 37)

> *Il s'agit, par exemple, de lettres adressées au chef d'établissement et traitées par le bureau du personnel, demandant des informations sur les statuts ou demandant un changement de **position*** **administrative,** une mutation ou demandant de disposer, à des fins associatives, de locaux ou de matériel appartenant à l'établissement...*

Traditionnellement, la demande personnelle se rédige à la main, au stylo à encre noire, sur une feuille blanche double (feuille A3 pliée en deux), sans **timbre***. Elle débute sur la page n°1, continue sur la page n° 3, se poursuit sur la page n° 2 et se termine sur la page n° 4. Bien souvent la page n° 1 suffit. La feuille double sert à transformer cette lettre en dossier dans lequel sont rajoutés les documents nécessaires au traitement de la demande. Les **visas*** de la hiérarchie sont apposés à la suite du texte du deman-

deur. Cet usage commence à se perdre et les demandes personnelles sont de plus en plus rédigées sur feuilles simples et
dactylographiées. Seule l'absence de **timbre\*** subsiste.

La réponse à une demande personnelle est une lettre administrative en forme administrative. En effet, si la demande est personnelle, la réponse relève du travail courant du fonctionnaire qui la
rédigera.

**La lettre administrative en forme personnelle émane d'une administra-
tion et est destinée au secteur privé (voir p. 35)**

> *C'est, par exemple, la lettre qui répond à celle d'un
> administré ; qui l'informe de l'évolution de son
> droit, du résultat de ses requêtes... C'est la lettre qui
> répond à un **requérant\*** : particulier, entreprise ou
> compagnie d'assurances mettant en cause la respon-
> sabilité de l'établissement public, voire du ministère
> et demandant une indemnisation. C'est aussi la lettre
> qu'un établissement envoie à l'un de ses fournis-
> seurs du secteur privé : artisan, bailleur de locaux
> ou de véhicules, commerçant, consultant, entreprise
> du bâtiment, organisme de formation, etc. pour
> demander un catalogue, solliciter un devis, passer
> une commande ou refuser une proposition commer-
> ciale.*

**La lettre privée en rapport avec la fonction est envoyée par un fonc-
tionnaire à un particulier ou à un fonctionnaire dépendant d'une autre
administration centrale, pour traiter d'affaires qui n'ont rien à voir
avec les affaires courantes mais qui ont un rapport officiel avec sa
fonction (voir p. 36)**

> *Il s'agit par exemple, pour un maire d'inviter un
> ministre à prononcer un discours d'ouverture de
> congrès ; pour un général de région de répondre à
> une association qui a sollicité le prêt d'un hélicop-*

*tère pour faire arriver le père Noël lors de son arbre de Noël ; pour un chef d'établissement d'inviter des personnalités à une inauguration ou de solliciter le prêt de la salle des fêtes de la mairie pour la remise de sa légion d'honneur...*

## Objectif concours

Pour déterminer la forme à employer il faut identifier :

1 - Le cas dans lequel le sujet place le candidat en tant qu'émetteur (affaires courantes, demandes personnelles ou affaires particulières).

2 - Le cas dans lequel se trouve le destinataire (hiérarchie, agent de la même administration centrale, établissement appartenant à une autre administration centrale, particulier, personnalité), etc.

Reportez-vous au tableau récapitulatif de la p. 33

**Schéma : Les différentes formes de lettres en fonction de leur destination.**

## Le timbre
## situe l'émetteur

Le « *timbre* » correspond dans l'Administration, à ce qu'on appelle « *en-tête* » dans le secteur privé. Il remplit la même fonction, c'est-à-dire qu'il situe l'émetteur (en tant qu'établissement public), décline la hiérarchie du bureau émetteur et donne les coordonnées nécessaires à la réponse.

## Ministère de l'Agriculture[1]
### Direction du personnel
### Service du recrutement
#### Bureau des concours
##### adresse

Si l'émetteur est haut placé dans la hiérarchie, le timbre sera réduit en :

## Ministère de
## l'Éducation nationale
### Cabinet du ministre
### ou
## Le Premier ministre

Au-dessous de ces informations prend place le numéro d'enregistrement de la lettre. Il est composé des sigles de la hiérarchie :

---

1. Voir p. 83 l'utilisation des majuscules en français selon les règles en usage à l'Imprimerie nationale.

direction, service, division dont dépend le bureau émetteur ainsi que d'un numéro chronologique attribué généralement par le service du courrier :

## N° XX/XX/00000

Celui-ci est suivi — obligatoirement depuis 1985 — conformément aux prescriptions contenues dans la circulaire n° 1995, du nom de l'**agent\* de l'État** qui est chargé du dossier et de l'indication de ses numéro téléphonique et adresse électronique lorsqu'elle existe.

**Affaire suivie par : Yvan Dépèche**
**Tél. : 00 00 00 00 00**
**Mél. : yvan.depeche@ministere.gouv.fr. :**

### Objectif concours

Dans un sujet de concours, des indications vous permettent de reconstituer partiellement ou complètement le timbre de l'établissement émetteur. Il ne faut pas négliger la présentation de ce timbre. Il ne faut cependant pas inventer les éléments manquants. En conséquence, vous représenterez les noms d'établissement, de ville, de bureau ou de rédacteurs qui ne sont pas donnés, par les lettres X, Y ou Z (uniquement ! d'autres lettres ou des noms fictifs pouvant être interprétés comme des signes de connivence avec un correcteur).

S'agissant du concours interne d'accès à la catégorie C, le sujet porte, en général, sur un cas concernant l'administration centrale au sein de laquelle le candidat concourt : ministère (Education nationale, Justice, Défense...) ; fonction publique territoriale (préfecture, conseil général, mairie, services sociaux...), fonction publique hospitalière. Il est donc censé connaître les particularités de sa propre hiérarchie.

## 3 La correspondance administrative emprunte la voie hiérarchique

Le 5 germinal an VIII (26 mars 1800), le ministre de l'Intérieur (Lucien Bonaparte) écrit aux préfets dont le corps vient tout juste d'être créé : « *D'après cet ordre nouveau, toutes les demandes de particuliers, des communes, des fonctionnaires subalternes, des commissions d'hospices, des employés aux prisons, etc. **ne doivent me parvenir que par votre canal, et après avoir passé à votre examen** ; toute lettre qui m'arrivera directement sera renvoyée sans réponse, à moins qu'elle ne contienne des plaintes contre vous, pour déni de justice administratif* ».

**● Remarque** ────────────────────────────

Le ministre de l'Intérieur venait de créer l'obligation de respecter la voie hiérarchique.

De ce fait, dans une lettre administrative en forme administrative ou une demande personnelle, l'adresse du destinataire est précédée de la mention de la fonction de l'émetteur (l'**attache\***) et suivie de la mention de la **voie\* hiérarchique** empruntée pour arriver jusqu'au destinataire. L'ensemble : attache + adresse du destinataire + voie hiérarchique est appelé « *suscription\** ».

### L'attache énonce la fonction du chef d'établissement

Dans une lettre administrative en forme administrative ou dans une demande personnelle, la mention de la fonction de l'émetteur

© Éditions d'Organisation

précède toujours l'adresse du destinataire. Cette mention s'appelle l'attache.

> ▲ **Attention** ───────────────────────
>
> Elle ne nomme pas l'établissement, comme le fait le timbre, mais elle énonce la fonction du chef d'établissement

> **Le directeur régional de l'Aviation civile[1] à**
> **ou**
> **Le premier président de la cour d'appel de X**
> **et le procureur général près ladite cour à**

L'attache ne figure pas sur les lettres administratives en forme personnelle (celles qui quittent le secteur public) ni sur les lettres privées en rapport avec la fonction (celles qui ont rapport avec la fonction mais pas avec les affaires courantes).

Le chef d'établissement nommé dans l'attache est l'émetteur de la lettre, même si celle-ci, rédigée par un adjoint et signée par délégation par un chef de service, ne lui passe jamais entre les mains. La première personne du singulier « *je* » employée pour rédiger une lettre administrative, désigne ce chef d'établissement et pas le rédacteur effectif. Il est très important de ne jamais perdre cela de vue lors de la rédaction d'une lettre.

> ▲ **Attention** ───────────────────────
>
> Le chef d'établissement nommé dans l'attache est l'émetteur de la lettre.

Ce « *je* » peut éventuellement devenir un « *nous* », **uniquement** lorsque la lettre est signée par plusieurs personnes, notamment lorsque la hiérarchie est double (dyarchie) comme au ministère de la justice.

───────────────────────

1. La correspondance militaire demande que le nom de l'émetteur apparaisse obligatoirement. En revanche, le destinataire interne n'est nommé qu'à travers sa fonction.

## L'adresse suit l'attache

L'adresse administrative du destinataire suit l'attache, ou est reportée en pied de page à gauche. Cette dernière présentation tend à disparaître depuis que l'Administration utilise les enveloppes à fenêtres. Lorsque les destinataires sont nombreux (appel d'offres, par exemple), il est possible de faire figurer sous l'attache : « *adresses in fine* », ces adresses étant énumérées sur une annexe.

● **Remarque** ───────────────────────────────────

Une lettre est toujours adressée à la plus haute autorité
en poste dans l'établissement.

En dehors des demandes personnelles, une lettre administrative émane toujours de la plus haute autorité de l'établissement même si elle est rédigée et signée par délégation. Pareillement une lettre s'adresse toujours à cette autorité, même si la personne qui est chargée du dossier est connue. Cette dernière est alors mentionnée par la formule « *à l'attention de...* » et le service ou bureau dont elle dépend est précisé.

**Monsieur le Ministre de l'Intérieur
Direction de la modernisation
et de l'action territoriale (DMAT)**[1]
**À l'attention de Monsieur Yvan Despêches
Chef du bureau des affaires culturelles
(adresse)**

───────────────
1. Voir p. 83 l'utilisation des majuscules en français selon les règles en usage à l'Imprimerie nationale.

L'adresse d'un particulier se rédigera comme elle est rédigée dans le secteur privé.

Les règles de présentation sont celles en usage à l'Imprimerie nationale. Toutefois, pour un acheminement plus rapide du courrier, toute adresse qui apparaît par la fenêtre d'une enveloppe ou qui est inscrite sur l'enveloppe a intérêt à respecter les prescriptions de La Poste[1] :

| Présentation d'une adresse selon la typographie traditionnelle : | Présentation d'une adresse selon les prescriptions de La Poste : |
|---|---|
| Monsieur Côme Toulemonde<br>Escalier B, appartement 312<br>Bâtiment Les Pinsons, résidence Les Oiseaux<br>18, rue Jérôme-de-L'Estrade<br>Le Repaire<br>16340 L'Isle-d'Espagnac | Monsieur Pacôme TOULEMONDE<br>Escalier B Appartement 312<br>Bt Les Pinsons Rés Les Oiseaux<br>18 RUE JEROME DE L'ESTRADE<br>LE REPAIRE<br>16340 L ISLE D ESPAGNAC |
| ou | ou |
| École supérieure de commerce rapide optimisé<br>À l'attention de Monsieur Jean Talus, Directeur<br>Zone industrielle des Faurbans<br>35, avenue de L'Harnac<br>Boîte postale n° 252<br>00000 Triffouillis-les-Oies Cedex | ESCRO<br>Monsieur Jean Talus Directeur<br>Zone industrielle des Faurbans<br>35 AVENUE DE L'HARNAC<br>BP 252<br>00000 TRIFOUILLIS LES OIES CEDEX |

Une adresse part, en somme, du plus précis (identité du destinataire) vers le plus vaste (localité). Elle est appuyée à gauche.

Selon les consignes de La Poste, elle se présente sur six lignes, pas une de plus. Lorsqu'un degré de précision n'existe pas (bâtiment, lieu-dit ou boîte postale), la ligne précédente et la suivante sont rapprochées pour ne pas laisser de ligne blanche. L'adresse ne contient aucun signe de ponctuation ni apostrophe, aucun

---

1. Voir p. 40 & 41 les recommandations de La Poste pour l'utilisation de la surface des enveloppes.

soulignement, pas de mots en italique. De plus, les lignes de la rue, du lieu-dit et de la localité s'écrivent entièrement en capitales (exceptionnellement sans signes **diacritiques\***).

Chaque ligne ne doit pas compter plus de 38 caractères, espaces compris, ce qui oblige parfois à recourir aux abréviations. CEDEX[1] étant déjà un **sigle\*** ce n'est pas lui qu'il faudra abréger.

⬤ **Remarque** ─────────────────────────────────

> Les consignes de La Poste ne valent que pour les adresses qui apparaissent sur l'enveloppe.

Mais cela ne vaut que pour les adresses devant être lues par le matériel optique de La Poste. Toute adresse donnée pour information, dans un timbre par exemple, doit se rédiger selon la typographie française traditionnelle.

### Mentionner la voie hiérarchique

Ainsi, une lettre administrative en forme administrative ou une demande personnelle n'est acheminée que par voie hiérarchique. Toutefois, cet acheminement, par le biais des délégations, est souvent symbolique. Imaginez un directeur régional, voire un ministre passer ses journées à viser la moindre demande d'information. Bien des lettres s'arrêtent au bureau concerné qui a reçu délégation.

Néanmoins, la voie hiérarchique est systématiquement mentionnée sur la lettre, au-dessous de l'adresse administrative du destinataire, par les termes : « *sous couvert de* » suivis de la fonction de l'autorité dont le rédacteur dépend. Par exemple, un sous-préfet n'écrira au ministre de l'Intérieur que sous le couvert de son préfet ; un greffier en chef écrira au Garde des Sceaux

─────────
1. Le Cedex est le courrier d'entreprise à distribution exceptionnelle.

© Éditions d'Organisation

uniquement sous couvert de ses chefs de juridiction et de ses chefs de cour ; un directeur d'établissement scolaire n'écrira au recteur que sous couvert de son inspecteur d'académie ; le chef d'une division civile d'un état-major de région militaire n'écrira que sous couvert du général commandant cette même région, etc.

---

**L'inspecteur d'académie[1]
directeur des services départementaux
de l'Éducation nationale
du Tarn-et-Garonne**

**à**

**Monsieur Azraël GARGAMEL
Directeur
École maternelle « Les Schtroumpfs »
82500 LAMOTHE CUMONT**

**S/c de Monsieur l'Inspecteur départemental
de l'Éducation nationale
de la circonscription Maternelle III**

---

L'échelon fonctionnaire le plus élevé au niveau départemental ou régional correspond toutefois directement avec le ministre compétent pour chaque affaire dont il traite. Mais deux homologues n'appartenant pas au même ministère correspondront sous couvert de leurs ministres respectifs.

Bien évidemment, la mention de la voie hiérarchique n'a pas lieu d'être dans les lettres destinées aux administrés (ils n'ont pas de hiérarchie administrative) ou dans les lettres qui ne concernent pas les affaires courantes, puisque le fonctionnaire, à cette occa-

---

1. Voir p. 83 l'utilisation des majuscules en français selon les règles en usage à l'Imprimerie nationale.

sion, traite d'affaires qui, bien que le concernant dans sa fonction, ne sont pas les affaires courantes de son emploi.

### Toute correspondance est par essence confidentielle

Une lettre ne peut donc être communiquée à un tiers sans qu'il en soit fait mention. À cette fin, le nom des services, établissements, entreprises, particuliers..., à qui la lettre est communiquée pour information, sont énumérés en pied de page. Leur adresse ne figure pas.

---

**Copies à : ABC ; DEF ; George Washington ; Albert Einstein**

La mention « *confidentiel* », sur une lettre en forme administrative ou « *personnel* » sur une lettre en forme personnelle indique au destinataire qu'il ne doit communiquer cette lettre à personne.

Les mentions « *diffusion restreinte* » ou « *diffusion limitée* » sur un document indique qu'il ne peut être communiqué qu'à des personnes soumises aux mêmes obligations de discrétion professionnelle.

La mention « *très secret défense* (TSD) » ou « *secret défense (SD)* » est réservée aux informations dont la révélation pourrait nuire à la sûreté nationale. La mention « *confidentiel défense (CD)* » concerne des informations qui en elles-mêmes n'ont pas à être secrètes, mais qui peuvent conduire à un secret. Les **timbres humides\*** permettant d'imprimer ces mentions sont détenus par les bureaux qualifiés. Ce sont des directives du Premier ministre qui fixent les conditions générales permettant de classer les informations selon ces critères. Chaque ministre, pour son département, définit la classification.

La protection peut être abaissée, voire supprimée. Certains documents « *déclassifiés* » sont alors sortis du coffre où ils étaient enfermés et peuvent être archivés.

### Objectif concours

Ne confondez pas l'établissement nommé dans le timbre « *inspection d'académie* » et la fonction du responsable de l'établissement nommé dans l'attache « *l'inspecteur d'académie* ».

Étant donné que c'est l'émetteur qui se présente lui-même dans l'attache, la fonction n'est jamais précédée de « *monsieur* » ou « *madame* » comme c'est le cas lorsqu'on nomme le destinataire ou la fonction de celui-ci, dans l'adresse.

Ne perdez jamais de vue que le « *je* » que vous employez n'est pas vous, ni le fonctionnaire dont on vous a donné le rôle dans le sujet de concours, mais le responsable de l'établissement où est affecté celui-ci (c'est-à-dire la fonction nommée dans l'attache).

Mentionnez « *(voie hiérarchique)* » quand cela est nécessaire au-dessous de l'adresse du destinataire. Cela est suffisant en dehors de ministères où l'on est pointilleux sur l'énumération de la voie hiérarchique. Renseignez-vous.

Je n'ai vu aucun sujet de concours qui demande des connaissances dans les degrés de classification de confidentialité.

## 4 Les précisions ne relèvent pas de l'accessoire

### La date est indispensable

Il est indispensable qu'une lettre soit datée. Imaginez qu'une démarche doive être accomplie par **lettre expresse\*** dans les 15 jours ou sous un délai de 2 mois avant une date précise. Si votre lettre expresse n'est pas datée (ou si par les miracles du « *copier/coller* » elle porte une date trop ancienne) votre demande risque de ne pas être prise en compte. En effet, une requête, un renouvellement sont considérés hors délai par rapport à la date qu'affiche la lettre qui en fait la demande.

⚠ **Attention**

Pour assurer sa fonction de trace, il est indispensable qu'une lettre soit datée.

La date se place en haut et à droite d'une lettre administrative. Elle est toujours précédée du nom de la ville d'expédition.

**Paris, le 20 mars 2005**

### Les mentions en marge justifient le fond de la lettre

L'**objet\*** résume la lettre en quelques mots : « *Demande de prorogation* » / « *Votre demande de prorogation* » / « *Accord pour prorogation* » / « *Refus de prorogation* ». Les **références\*** nomment les textes sur lesquels la réponse ou la demande s'appuie. Cette énumération part du plus élevé vers le moins élevé dans la hiérarchie des écrits administratifs et par ordre de

© Éditions d'Organisation

parution. Elle nomme également par son numéro d'enregistrement, la lettre à laquelle il est répondu.

On les appelle « *mentions en marge* » parce qu'autrefois, elles s'inscrivaient entièrement dans la marge sur plusieurs lignes. Cette façon de faire a été conservée dans certaines administrations. Aujourd'hui, le plus souvent, elles débutent dans la marge et s'étalent sur toute la largeur du texte à la suite de leur intitulé « *Objet* » ou « *Références* » (voir modèles p. 34 à 39).

**Objet :** **Votre demande de cessation progressive ou anticipée d'activité**
**Références : Décret n° 96-394 du 7 mai 1997**
**Décret n° 95-933 du 17 août 1995**
**Votre lettre du 2 septembre 2004**

En théorie, « *objet* » et « *références* » ne figurent pas sur les lettres destinées au secteur privé. En pratique, on les y trouve de plus en plus fréquemment. Il semble en effet, plus commode à certaines administrations de mettre en valeur ces informations. Cela peut effectivement permettre d'alléger le corps de la lettre en se dispensant de citer à chaque fois que nécessaire l'intitulé des pièces d'où sont tirées les informations. Cet intitulé est alors remplacé dans le corps du texte par « *cité en référence* ». Les « *ci-dessus référencé* » ou « *susnommé* » sont surannés.

Néanmoins, ces indications ne se figurent jamais dans les lettres privées en rapport avec la fonction (voir tableau récapitulatif p. 33).

### Le nombre des pièces jointes est précisé

Les « *pièces jointes* » abrégées en P. J. sont énumérées au-dessous des références. Il est également possible de donner simplement leur nombre et/ou de les faire figurer en pied de page.

Cette mention est surtout utile au service courrier de l'émetteur qui, pour faire une expédition conforme, compare le chiffre inscrit et le nombre de pièces annexées à la lettre, et au service récepteur qui vérifie si l'enveloppe contient bien le nombre de pièces annoncées. Mais elle sert aussi à laisser la trace de l'envoi de ces pièces.

### Objectif concours

Le sujet ne vous donne pas forcément les indications nécessaires pour calculer une date d'envoi.

Si, donc, vous n'avez aucune indication de lieu ou de date, vous écrivez en haut et à droite de la feuille, tout simplement : « *Lieu, date* » ou « *Ville, le...* ». Mais ne l'omettez surtout pas !

Toutefois, si le sujet vous demande de répondre à une lettre et que celle-ci est datée. Si la lettre de demande incluse dans votre sujet fournit des dates. Si, par ailleurs, la réglementation à votre disposition pour construire votre réponse donne des délais, il ne faut surtout pas négliger de calculer la date de votre lettre en réponse (10 à 15 jours plus tard que la date portée sur la demande), et les dates qui permettront au destinataire de régler son affaire dans les délais.

## 5  Pas de formule d'appel ni de courtoisie dans les lettres en forme administrative et les notes

### La formule d'appel interpelle la personne à laquelle on s'adresse

La lettre administrative en forme administrative, pas plus que la note ne comporte de formule d'appel. Mais cette formule est indispensable dans la lettre administrative en forme personnelle, dans la demande personnelle[1] et dans la lettre privée en rapport avec la fonction.

> **À savoir** ————————————————————————
>
> Seules les lettres en forme personnelle,
> les demandes personnelles
> et les lettres privées en rapport avec la fonction
> comportent des formules d'appel et de courtoisie.

Dans une lettre administrative en forme personnelle, la formule d'appel est, en général : *« Monsieur »*, *« Madame »* ou, éventuellement, *« Mademoiselle »* suivis, s'il y a lieu, du titre (la Directrice ; le Président ; le Ministre…) puis d'une virgule. Mais jamais abrégés ni suivis du nom de famille.

Dans la correspondance privée en rapport avec la fonction, le ton est moins guindé : la formule d'appel peut donc s'assouplir. Mais *« Cher »* ne s'emploie qu'envers des personnes que l'on connaît ; à plus forte raison *« Cher ami »*. *« Cher Monsieur et Ami »* ou *« Chère Madame et Amie »* s'emploient à l'égard de personnes pour lesquelles on éprouve à la fois de l'amitié et de la déférence. *« Cher collègue »*, *« Mon cher collègue »* s'emploient

———————————
1. Les demandes personnelles militaires ne comportent pas de formule d'appel ni de formule de courtoisie.

aussi bien envers des égaux qu'envers des subordonnés, jamais envers un supérieur.

**À savoir**

La formule d'appel n'est jamais abrégée ni suivie du nom de famille.

« *Madame* » peut parfaitement convenir à toutes les personnes du sexe féminin quels que soient leur âge ou leur situation de famille, surtout dans le domaine professionnel. Il n'y a aucune raison pour que la situation de famille des femmes transparaisse dans leur appellation alors que ce n'est jamais le cas pour les hommes.

**À savoir**

Dans le monde professionnel, il n'y a pas de « Mademoiselle ».

Le masculin pluriel en français, exprime le neutre. Lorsqu'on s'adresse à une société ou une administration sans que ce soit à une personne précise on écrit : « *Messieurs* ». Mais le plus habile est de s'adresser à son directeur.

La formule « *Madame, Monsieur,* » est du style des discours ou des publicités et peut être prise dans le sens : « *peu m'importe qui vous êtes, vous rayerez la mention inutile.* » (mais cette opinion est susceptible d'évoluer). Toutefois, considérant qu'une fonction peut changer fréquemment de dépositaire, il peut être parfois prudent de faire précéder son énoncé de « *Madame ou Monsieur le…* »

### La féminisation est à l'apréciation de votre hiérarchie

L'Académie française fondée en 1634 par Richelieu a, selon son article XXIV, pour « *principale fonction de travailler avec tout le soin et toute la diligence possibles à **donner des règles certaines** à notre langue et à la rendre pure, éloquente et capable de traiter les arts et les sciences* ». Ce dispositif toujours en vigueur fait que le pouvoir politique ne saurait sans abus intervenir directement sur la langue.

⬤ **Remarque** ────────────────────────────────

L'assemblée indépendante des académiciens, dont le statut est analogue à celui des cours supérieures, est officiellement chargée d'établir et de régler l'usage de la langue.

En 1984, sans consulter l'Académie, le Premier ministre crée une « *commission de terminologie relative au vocabulaire concernant les activités des femmes* ». Personne ne s'en souvient. En 1986 une circulaire du Premier ministre recommande de féminiser des noms de métiers, fonctions, grades ou titres dans les textes officiels et dans l'Administration. Elle n'est pas suivie. En mars 1998, par circulaire, le Premier ministre charge la commission générale de terminologie et de néologie, créée par le décret du 2 juillet 1996 dans le cadre de la loi du 4 août 1994 (Toubon) de faire le point sur la question, et de produire un lexique de formes féminines des noms de titres de grades et de fonctions. Toute la France s'imagine avoir reçu l'ordre de féminiser.

▥ **À savoir** ────────────────────────────────

Une circulaire n'a pas force de loi.

Pourtant cette commission, dans son rapport remis en octobre 1998[1] se déclare incompétente quant à produire ce lexique. Elle estime qu'il appartient au peuple de faire évoluer sa propre langue. C'est lui qui créera les formes féminines dont il ressentira

---

1. Vous trouverez le résumé de ce rapport en annexe, p. 164

© Éditions d'Organisation

le besoin au fur et à mesure de l'évolution des métiers. L'Académie interviendra pour faire respecter les règles françaises de flexion des substantifs.

⚠ **Attention** ────────────────────────────────

Si les superlatifs en « eur » prennent un « e » au féminin, cela n'a jamais été le cas des substantifs.

La commission évoque par ailleurs la spécificité française consistant à exprimer le neutre à travers le masculin et souligne la complexité qu'il y aurait à récrire le droit en faisant figurer à chaque fois le genre masculin et le genre féminin. Par exemple « *tout conducteur* » ; « *tout fonctionnaire* » ne désignerait que les hommes ; il faudrait désormais écrire à chaque fois « *tout conducteur ou conductrice* » ; « *tout fonctionnaire (femme ou homme)* » et tout à l'avenant.

Le « *guide d'aide à la féminisation des noms de métiers, titres, grades et fonctions* » intitulé pompeusement « *Femme j'écris ton nom* », produit par le CNRS en 1999 — dans la préface duquel le Premier ministre ne revient pas sur la nécessité d'employer impérativement le masculin dans les textes législatifs et réglementaires — ne demeure qu'un guide.

⚠ **Attention** ────────────────────────────────

Le genre d'un substantif n'a rien à voir avec le sexe de la personne qu'il peut désigner.

En outre contrairement à un métier, une fonction n'est que provisoirement remplie par une personne (par exemple, le Premier ministre de la circulaire de 1984 citée plus haut, n'était pas celui de la circulaire de 1986 ni encore le même que celui de la circulaire de 1998). Mais toutes ces circulaires sont du Premier ministre. Il existe une continuité dans la fonction publique indépendamment de la succession des personnes. Féminiser la fonction figerait inutilement l'instant où celle-ci aura été remplie par une femme. Par exemple lors de la création d'un comité, l'énumération des membres devant le composer sous la forme : « *le ministre de X, la ministre de Y, le ministre de Z...* » reviendrait à dire que lorsque le portefeuille de Y est détenu par un homme, celui-ci ne siège pas à ce comité.

De même une lettre envoyée à « *la* » ministre peut trouver, à son arrivée, la fonction tenue par un homme. Bel effort pour se faire bien voir, tombé complètement à l'eau.

Enfin, notez que dans les entreprises privées les femmes se partagent entre celles qui tiennent à porter le titre au masculin et celles qui ne voient pas l'intérêt de ce battage. Par ailleurs, les ordonnance, sentinelle, estafette, vigie, altesse, canaille, dupe, personne, recrue, star, vedette, victime... ne se sont jamais plaintes d'être souvent des hommes.

⭐ **Conseil** ────────────────────────────────────

Cela dit, ne contrariez pas votre hiérarchie pour un « e » !

## La formule de traitement correspond à la formule d'appel

La formule de traitement est celle par laquelle on invoque le destinataire au cours du document.

Elle correspond le plus souvent à la formule d'appel : « *Monsieur* » ou « *Madame* » représentée par la $2^e$ personne du pluriel « *vous* » ; en France, il est impoli de l'abréger.

Il nous reste encore quelques rares cas de traitement à la $3^e$ personne du singulier associés à une formule précédée de « *Votre* ». Il s'agit, par exemple, du Pape : « *Votre Sainteté* », des souverains « *Votre Majesté* », des ambassadeurs étrangers :

« *Votre Excellence* ». Dans ce cas-là, le traitement ne correspond pas à l'appel, qui est pour le Pape : « *Très Saint-Père* », pour un souverain : « *Sire* », pour un ambassadeur : « *Monsieur l'Ambassadeur* »[1].

Cela peut sembler désuet, mais il reste une trace de ce traitement à la 3ᵉ personne du singulier dans la formule courante de supplique employée dans toute lettre de demande personnelle : « *J'ai l'honneur de solliciter de Votre (Très Haute) Bienveillance...* » qui devrait se poursuivre par (qu'il s'agisse d'un homme ou d'une femme) « *qu'elle daigne m'accorder...* ». Les destinataires eux-mêmes ayant complètement perdu de vue cet aspect, cette formule est actuellement employée suivie du voussoiement.

### Une formule de courtoisie[2] dans les lettres personnelles

La formule classique de l'Administration est « *Je vous prie d'agréer, M..., l'expression de ma considération distinguée* ». Elle a le mérite d'être « *passe-partout* » et d'éviter de grandes recherches dans les manuels de bons usages.

Cependant, dès qu'intervient un rapport hiérarchique, il faut se plier à la hiérarchie des formules. Vous trouverez un tableau à la p. 42 pour choisir la formule d'une demande personnelle et un tableau à la p. 43 pour décider de la formule à employer envers un haut (voire très haut) personnage.

1. Si vous avez une question protocolaire à résoudre, allez sur le site http://www.bottin-mondain.com/savoir-vivre/svco/correspondant.htm
2. http://mpctc.free.fr/Formulespolitesse.php

© Éditions d'Organisation

*Objectif concours*

Notez que la lettre la plus courante (administrative en forme administrative) ne comporte ni formule d'appel ni formule de courtoisie.

Notez que la lettre de demande personnelle — en dehors des administrations militaires — est accompagnée de formules bien particulières à chaque degré hiérarchique répertoriées dans le tableau p. 42.

Notez que la lettre administrative en forme personnelle se conclut le plus souvent par la formule « *Veuillez agréer, M..., l'expression de ma considération distinguée* ». La formule est écrite à la main dans les lettres privées en rapport avec la fonction.

Notez que dans la lettre privée en rapport avec la fonction, la formule de courtoisie s'écrit à la main.

# La signature
## authentifie le texte

Signer, c'est souscrire : inscrire son nom au-dessous d'un écrit pour en endosser la responsabilité. Autrefois on inscrivait son prénom et son nom en entier, de manière lisible et toujours semblable. C'est encore considéré comme « *la classe* ». Ce que nous appelons **signature\*** aujourd'hui, s'appelait paraphe et était destiné à rendre la signature moins facilement imitable. Mais comme ce gribouillis est le plus souvent illisible, il est indispensable de l'accompagner du prénom et du nom dactylographiés. Ce que nous appelons désormais **paraphe\*** est composé des initiales du prénom et du nom en simples lettres bâton. Ce paraphe est apposé sur chaque page et en marge de chaque correction lors de la signature d'un document de plusieurs pages, dont il aurait été facile de changer les pages centrales s'il n'avait été signé qu'à la fin.

À des fins pratiques il a été courant d'utiliser un **timbre humide\*** reproduisant la signature de l'autorité : la **griffe\***. Désormais, pour éviter les éventuels abus, l'emploi de la griffe est interdit dans les administrations.

■ À savoir

> La signature officialise les dires d'un écrit elle doit être celle de l'autorité qui en endosse la responsabilité.

Selon la tradition française, lorsque le signataire est unique, la signature est placée sur la droite. Lorsqu'il y a deux signataires, le second signe à gauche et un éventuel troisième signataire signerait en dessous et au centre. L'ordre énuméré précédemment suit l'ordre hiérarchique. L'Imprimerie nationale recommande, en cas de signataires multiples, de les faire figurer alternativement à gauche et à droite en descendant la hiérarchie.

Lorsque le plus haut responsable de l'établissement signe personnellement, et que la mention de sa fonction apparaît dans l'attache de la suscription, cette fonction n'est pas rappelée avant ou après sa signature. Seul son nom est dactylographié. S'il s'agit d'une lettre administrative en forme personnelle, dans laquelle l'attache ne figure pas en suscription, la fonction du chef d'établissement devra apparaître avant ou après sa signature.

■ À savoir

> La signature est accompagnée de la mention de la fonction du signataire et éventuellement de la nature de la délégation de signature.

Lorsque le signataire n'est pas la plus haute autorité sur place mais un délégataire, l'attache explicitant cette délégation est indispensable dans tous les cas. Cette attache mentionne le grade, le nom et la fonction du signataire, éventuellement les conditions d'exercice de cette fonction (par intérim, provisoirement) et du pouvoir consenti en matière de signature.

**Pour le directeur et par délégation,[1]
le chef du service Logistique**

*Y. Aumieu*

**Yves AUMIEU**

## La signature « par délégation »

La délégation de signature est accordée à une personne et non à une fonction. Elle prend fin lorsque le délégataire ou le délégant cesse ses fonctions. La délégation de signature laisse entière la responsabilité du délégant sur ce que le délégataire a signé. La délégation de signature est donnée par écrit et notifiée à toutes les autorités subordonnées.

En règle générale, le chef d'un échelon de commandement signe lui-même les documents :

- destinés à l'autorité supérieure ;
- engageant sa responsabilité vis-à-vis de l'autorité supérieure ;
- portant des appréciations concernant un subordonné ;
- engageant des dépenses ou une procédure judiciaire ;
- portant décision dans un domaine pour lequel il a reçu délégation.

Il peut donner à ses subordonnés l'autorisation de signer les pièces de service courant ou de routine ainsi que les documents d'application de ses ordres et directives générales.

---

1. Voir p. 83 l'utilisation des majuscules en français selon les règles en usage à l'Imprimerie nationale

### La signature « par ordre »

La signature est dite « *par ordre* » lorsqu'il s'agit d'une délégation orale de signature, en l'absence par exemple du signataire officiel ou pour un certain type de correspondance.

### La signature « pour copie conforme »

Elle est portée sur les documents reçus d'une autorité supérieure qui, en raison de l'insuffisance de leur nombre, ou pour toute autre raison, doivent être reproduits. Ils ont ainsi valeur d'originaux.

### La signature « pour ampliation »

La plupart du temps le chef d'un échelon de commandement ne signe qu'un seul exemplaire d'un document adressé à de nombreux destinataires. Cet exemplaire est alors conservé aux archives du bureau expéditeur, les autres exemplaires, qui ont également valeur d'originaux sont signés « *pour ampliation* » par le fonctionnaire qui a reçu cette délégation de signature. Il en est de même lorsqu'un document ancien est rediffusé.

---

#### *Objectif concours*

Si le sujet vous demande de rédiger un « *projet de lettre* », il s'agit d'une lettre achevée, mise en forme, prête à la signature — et non pas d'un brouillon.

Regardez bien qui est censé signer la lettre : la fonction la plus élevée ? votre chef de service par délégation ? vous-même par ordre ? etc. de manière à faire figurer l'attache* appropriée en souscription*.

Si aucun nom ne vous a été fourni pour le signataire, contentez-vous d'écrire de votre écriture normale le mot « *signature* ». Toute signature imaginaire ou fantaisiste pourrait être prise pour un éventuel signe de connivence avec un correcteur, ce qui est une infraction éliminatoire.

# 7 La présentation des lettres administratives

| Désignation | Emploi | Suscription | | | S/c hiérarchique | Objet et références | Formules d'appel et de courtoisie |
| --- | --- | --- | --- | --- | --- | --- | --- |
| | | Timbre | Attache | Adresse du destinataire | | | |
| La lettre administrative en **forme administrative** | Public => public Pour traiter des affaires courantes. | Oui | Oui | Oui | Oui | Oui | Non |
| La lettre administrative en **forme personnelle** | Public => privé Pour traiter des affaires courantes. | Oui | Non | Oui | Non | Non | Oui |
| La lettre de **demande personnelle** | Public => public Pour solliciter de la hiérarchie. | Adresse administrative personnelle de l'émetteur | | Oui | Oui | Oui | Oui |
| La lettre **privée** en rapport avec la fonction | Public => public ou privé Pour traiter des affaires particulières. | Oui | Oui | Oui | Non | Non | Oui |
| La **note** administrative | Un service => un autre service Pour traiter des affaires courantes | Oui | La suscription est remplacée par un intitulé : « *Note à l'attention de…* » | | | Oui | Non |

| Ministère<br>Direction<br>sous-direction<br>Service<br>Bureau | Lieu et date |
|---|---|

Timbre

Numéro d'enregistrement

Affaire suivie par :
tél.
fax

Suscription

Le (grade et fonction du
signataire)
à
M... Prénom, Nom, grade et fonction
du destinataire et
son adresse administrative
éventuellement
sous couvert + grade et fonction
de l'autorité hiérarchique

Objet :
Références :
— 2PJ —

(± 2,5 cm)     Mention
en marge

Corps de la lettre

**Présentation classique
d'une lettre ADMINISTRATIVE
en forme ADMINISTRATIVE**
*Le développement des chartes graphiques internes a rendu les présentations très variées*

Attache

Pour le Directeur et par
délégation
Le chef de cabinet

YVES Aumieu
**Yves Aumieu**

Copies :

© Éditions d'Organisation

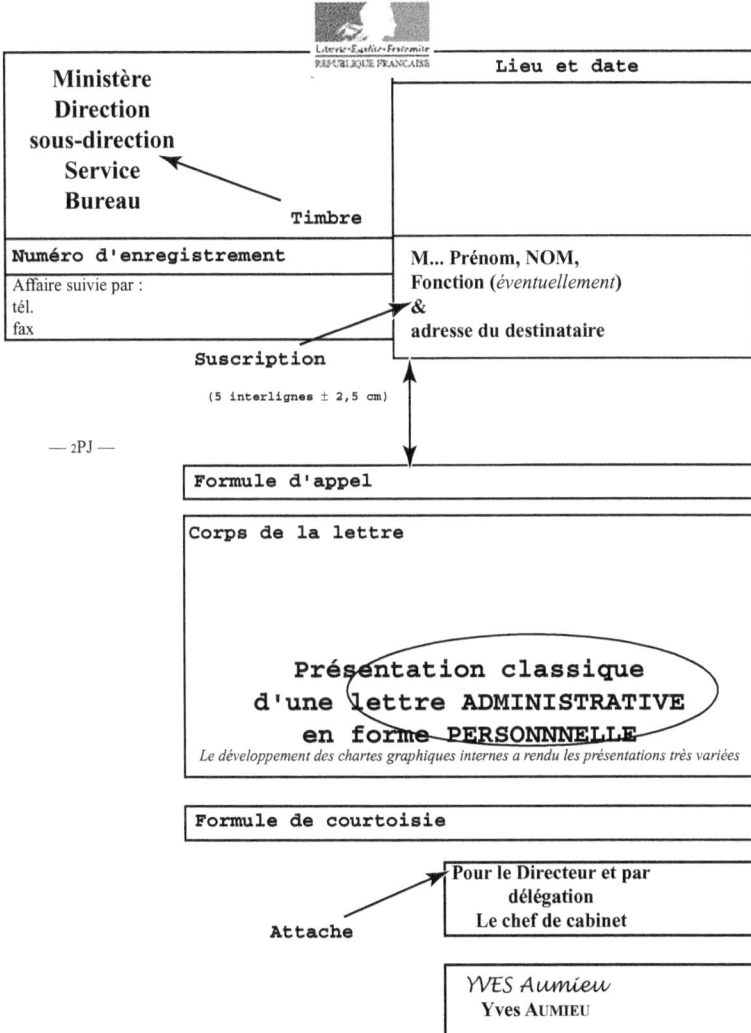

**Ministère**
**Direction**
**sous-direction**
**Service**
**Bureau**

Liberté·Égalité·Fraternité
RÉPUBLIQUE FRANÇAISE

Lieu et date

Timbre

Numéro d'enregistrement

Affaire suivie par :
tél.
fax

M... Prénom, NOM,
Fonction (*éventuellement*)
&
adresse du destinataire

Suscription

(5 interlignes ± 2,5 cm)

— 2PJ —

Formule d'appel

Corps de la lettre

Présentation classique
d'une lettre ADMINISTRATIVE
en forme PERSONNNELLE
*Le développement des chartes graphiques internes a rendu les présentations très variées*

Formule de courtoisie

Pour le Directeur et par
délégation
Le chef de cabinet

Attache

YVES Aumieu
Yves AUMIEU

*Avant l'emploi des enveloppes à fenêtres,*
*l'adresse du destinataire était*
*traditionnellement portée à cet endroit*

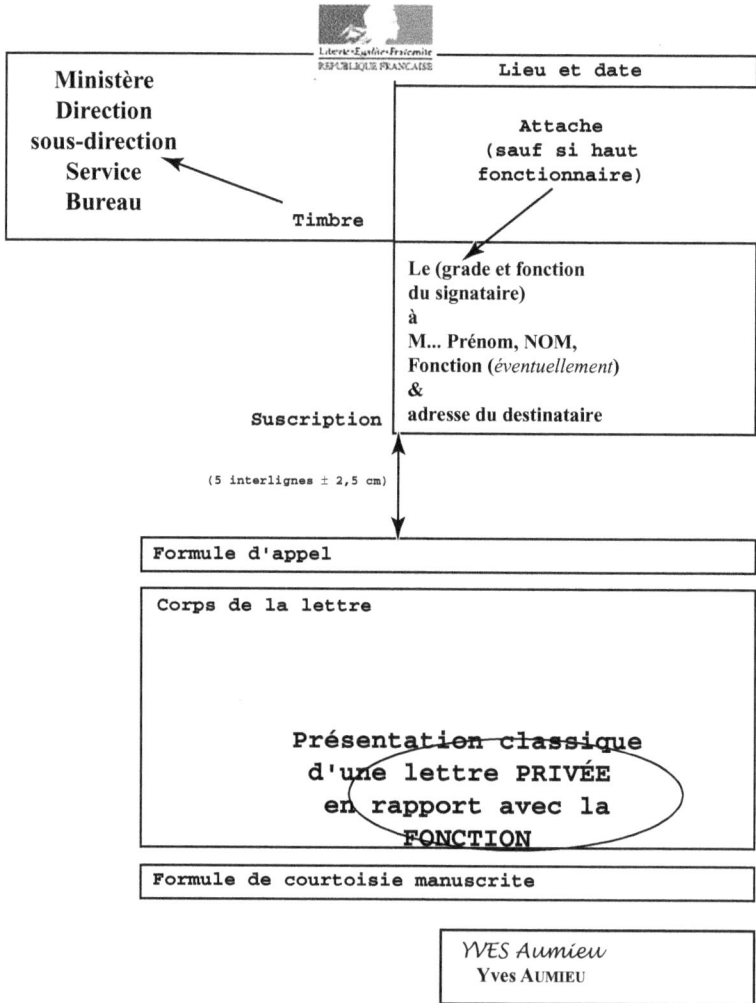

**Ministère**
**Direction**
**sous-direction**
**Service**
**Bureau**

Lieu et date

Attache
(sauf si haut
fonctionnaire)

Timbre

Le (grade et fonction
du signataire)
à
M... Prénom, NOM,
Fonction (*éventuellement*)
&
adresse du destinataire

Suscription

(5 interlignes ± 2,5 cm)

Formule d'appel

Corps de la lettre

Présentation classique
d'une lettre PRIVÉE
en rapport avec la
FONCTION

Formule de courtoisie manuscrite

*YVES Aumieu*
**Yves AUMIEU**

*Avant l'emploi des enveloppes à fenêtres,*
*l'adresse du destinataire était*
*traditionnellement portée à cet endroit*

© Éditions d'Organisation

*Insérez ici
le gabarit fourni
par l'administration
à laquelle
vous appartenez*

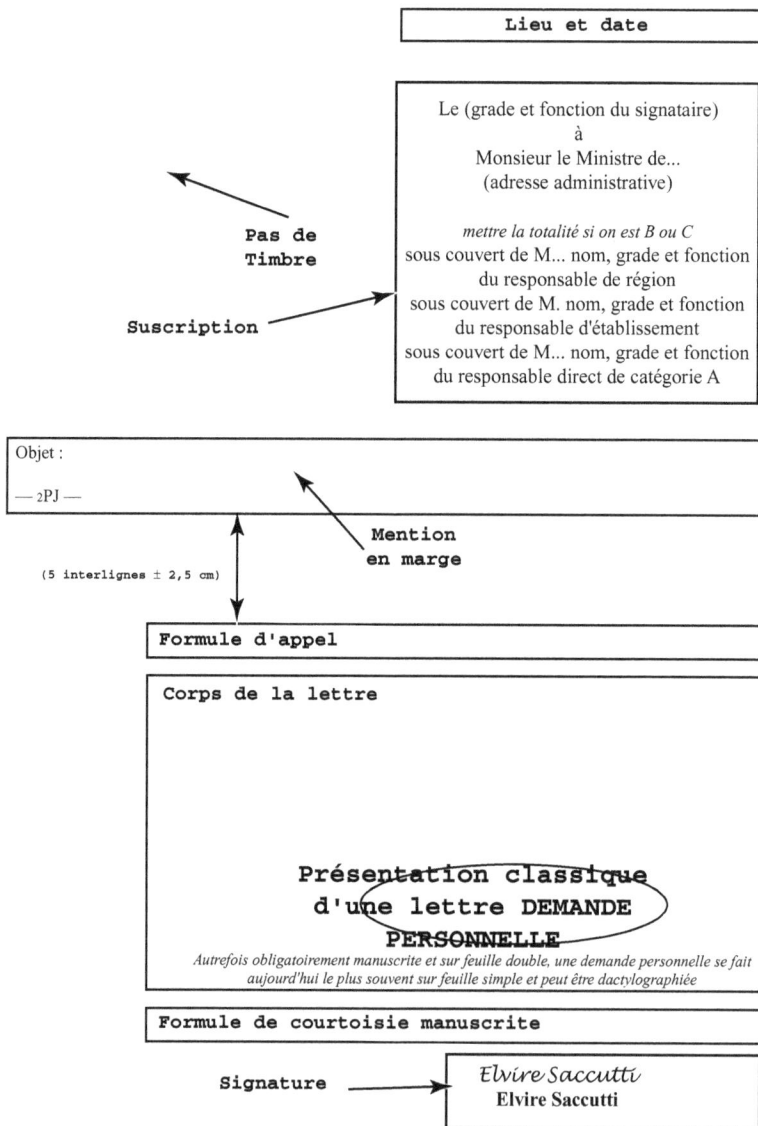

| Lieu et date |
| --- |

Le (grade et fonction du signataire)
à
Monsieur le Ministre de...
(adresse administrative)

*mettre la totalité si on est B ou C*
sous couvert de M... nom, grade et fonction
du responsable de région
sous couvert de M. nom, grade et fonction
du responsable d'établissement
sous couvert de M... nom, grade et fonction
du responsable direct de catégorie A

**Pas de Timbre**

**Suscription**

Objet :

— 2PJ —

**Mention en marge**

(5 interlignes ± 2,5 cm)

| Formule d'appel |
| --- |

**Corps de la lettre**

**Présentation classique
d'une lettre DEMANDE
PERSONNELLE**

*Autrefois obligatoirement manuscrite et sur feuille double, une demande personnelle se fait
aujourd'hui le plus souvent sur feuille simple et peut être dactylographiée*

| Formule de courtoisie manuscrite |
| --- |

**Signature** ⟶ *Elvire Saccutti*
**Elvire Saccutti**

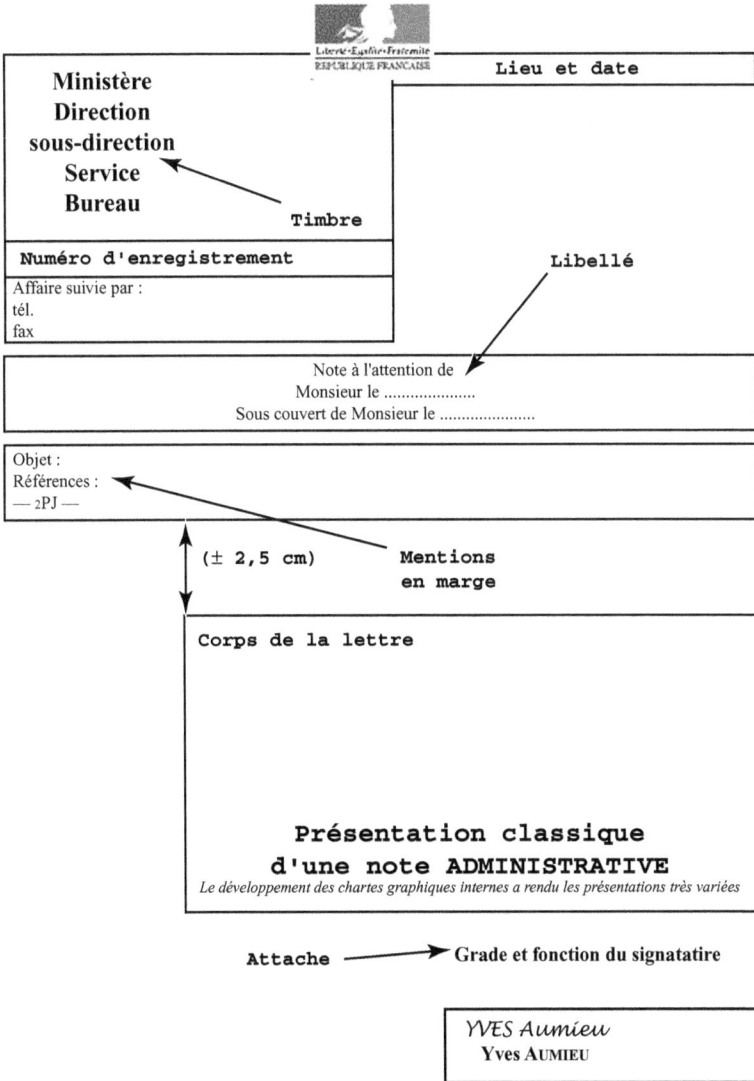

**Présentation classique d'une note ADMINISTRATIVE**

*Le développement des chartes graphiques internes a rendu les présentations très variées*

## *Présentation des enveloppes*

### Présentation d'une enveloppe au format DL (22 cm x 11 cm)

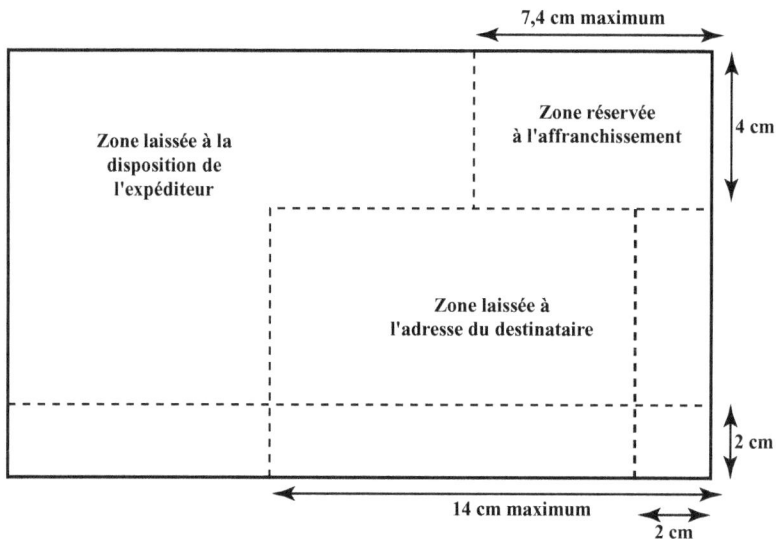

Zone laissée à la disposition de l'expéditeur

Zone réservée à l'affranchissement

4 cm

7,4 cm maximum

Zone laissée à l'adresse du destinataire

2 cm

14 cm maximum

2 cm

## Présentation d'une enveloppe C6 (16,2 cm x 11,4 cm)

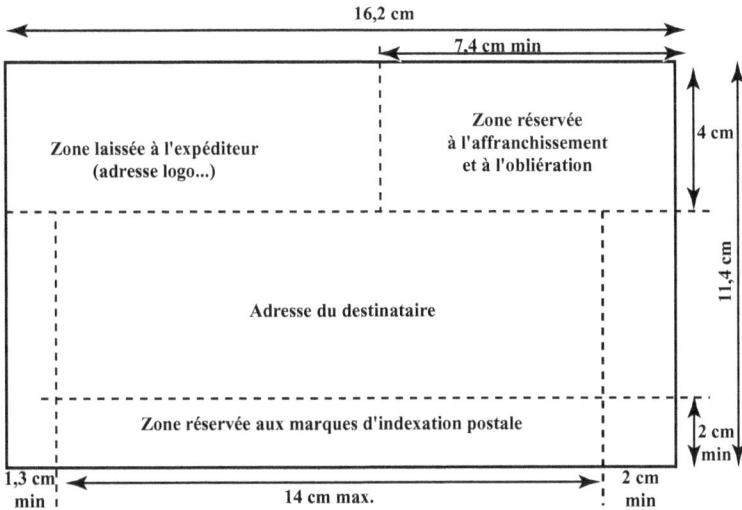

L'adresse de l'expéditeur se met soit en haut à gauche de l'enveloppe, soit au verso.

L'adresse du destinataire s'inscrit dans une zone comprise entre 4 cm à partir du haut, 2 cm à partir du bas, 1,3 cm à gauche et 2 cm à droite.

Une lettre ne doit pas excéder 3 kg et au-delà de 20 grammes elle doit porter la mention « Lettre » au recto de l'enveloppe.

## Le respect de la hiérarchie dans les demandes personnelles au sein de l'Administration

| Cas | Suscription | Formule d'appel | Formule de sollicitation | Formule de courtoisie |
|---|---|---|---|---|
| Ministre | Monsieur*<br>le Ministre de …<br>ou<br>Monsieur<br>Prénom NOM<br>Ministre de… | Monsieur<br>le Ministre, | J'ai l'honneur<br>de solliciter<br>de votre<br>très haute<br>bienveillance… | Veuillez agréer,<br>Monsieur le Ministre,<br>l'hommage **de mon<br>très profond respect.<br>Veuillez agréer,<br>Monsieur le Ministre,<br>l'expression de ma très<br>respectueuse<br>considération. |
| Responsable régional | Monsieur le<br>(grade et<br>fonction)<br>ou<br>Monsieur le<br>(grade)<br>Prénom NOM<br>(fonction) | Monsieur<br>le<br>(grade et<br>fonction), | J'ai l'honneur<br>de solliciter de<br>votre haute<br>bienveillance… | Veuillez agréer,<br>Monsieur le<br>(grade et fonction),<br>l'expression de ma<br>respectueuse<br>considération. |
| Responsable d'établissement | Monsieur le<br>(Grade et<br>fonction)<br>ou<br>Monsieur le<br>(grade)<br>Prénom NOM<br>(fonction) | Monsieur<br>le<br>(grade et<br>fonction), | J'ai l'honneur<br>de solliciter de<br>votre haute<br>bienveillance… | Veuillez agréer,<br>Monsieur le (grade et<br>fonction), l'expression<br>de ma respectueuse<br>considération. |
| Responsable direct de catégorie A | Monsieur le<br>(Grade et<br>Fonction)<br>ou<br>Monsieur le<br>(grade) Prénom<br>NOM<br>(fonction) | Monsieur<br>le<br>(grade et<br>fonction), | J'ai l'honneur<br>de solliciter de<br>votre bien-<br>veillance… | Veuillez agréer,<br>Monsieur le (grade et<br>fonction), l'expression<br>de ma considération<br>distinguée. |

\* Les « *Monsieur* » sont bien évidemment à remplacer par « *Madame* » le cas échéant (il n'y a pas de « *Mademoiselle* » entre professionnels).

\*\* Formule délicate : une femme n'envoie jamais d'hommages ; un homme ne les envoie qu'à une femme **mariée** ou à un homme **très** important.

© Éditions d'Organisation

## *Quelques exemples de correspondance de formules*

| Cas | Formule d'appel | Formule de traitement | Formule de courtoisie |
|---|---|---|---|
| Président de la République | Monsieur le Président Madame le Président | $2^e$ personne du pluriel | Je vous prie de bien vouloir agréer *[a] l'assurance de ma très haute considération. |
| Premier Ministre Ministre d'État Ministre | Monsieur le… Madame le… | $2^e$ personne du pluriel | Je vous prie d'agréer * l'assurance de ma très haute considération. |
| Ambassadeur étranger | Monsieur l'Ambassadeur Madame le | $3^e$ personne du singulier Votre Excellence | Je prie Votre Excellence d'agréer l'assurance de mes sentiments[b] respectueux. |
| La femme d'un ambassadeur étranger | Madame l'Ambassadrice | $2^e$ personne du pluriel | Je vous prie * d'agréer l'expression de ma haute considération. |
| Ambassadeur ; Haut commissaire ; Commissaire général ; Secrétaires généraux ; Ministre délégué ; Secrétaire d'État ; Préfets ; Sous-préfets ; Directeurs généraux des administrations centrales ; Directeurs, chefs de services et sous directeurs des administrations centrales et des établissements publics ; Administrateur civil ; Premier président de cour d'appel ; Procureur général. | Monsieur le … Madame le … | $2^e$ personne du pluriel | Je vous prie d'agréer * l'assurance de ma haute considération. |

…/…

a. Ce signe doit être remplacé par la formule d'appel.
b. Des sentiments ne s'échangent pas entre homme et femme ; seul un homme peut envoyer des hommages et cela quí'à une femme mariée ou un personnage éminent.

| Cas | Formule d'appel | Formule de traitement | Formule de courtoisie |
|---|---|---|---|
| Amiral (marine) Général (terre et air) | Amiral Mon + grade, (de la part d'un homme) | 2e personne du pluriel | Je vous prie d'agréer * l'assurance de ma haute considération. |
| Officiers (terre et air) | Grade, ou Monsieur (de la part d'une femme) Grade ou Madame (pour une femme) | 2e personne du pluriel | Je vous prie d'agréer * l'assurance de ma considération distinguée. |
| Marine | Commandant Monsieur ou Madame (à partir de Lieutenant de vaisseau | 2e personne du pluriel | Je vous prie d'agréer * l'assurance de ma considération distinguée |
| Président de tribunal, Procureur de la République ; Substitut ; Commissaire de police | Monsieur le ... Madame le ... | 2e personne du pluriel | Je vous prie d'agréer * l'assurance de ma parfaite considération. Je vous prie d'agréer * l'assurance de ma considération la plus distinguée. |
| Les présidents d'assemblées | Monsieur le Président Madame le | 2e personne du pluriel | Je vous prie d'agréer * l'expression de mes sentiments respectueux |
| Les membres du Conseil constitutionnel | Monsieur le Haut Conseiller Madame le | 2e personne du pluriel | Je vous prie d'agréer * l'expression de mes sentiments respectueux |
| Les questeurs à l'Assemblée nationale | Monsieur le Questeur Madame le... | 2e personne du pluriel | Je vous prie d'agréer * l'expression de mes sentiments respectueux |
| Sénateur ; Député ; Conseiller général ; Conseiller régional | Monsieur le... Madame le... | 2e personne du pluriel | Je vous prie d'agréer * l'assurance de mes sentiments les plus distingués |
| Maire ; Adjoints ; Adjointes ; Conseillers municipaux ; Conseillères municipales | Monsieur le ... Madame l... | 2e personne du pluriel | Je vous prie d'agréer * l'assurance de ma considération distinguée |

# Comment rédiger le corps de la lettre

## 1. Suivre un plan

### Une lettre transmet une information et laisse une trace

La lettre que vous allez rédiger remplit, certes, la fonction immédiate de transmettre l'information que vous exprimerez. Bien évidemment, cette information peut être comprise en deux mots par son destinataire — nécessairement au courant de l'affaire. Mais c'est parce que la lettre recèle une seconde fonction de **trace**, qu'il est risqué de lui substituer un appel téléphonique ou de la rédiger en termes approximatifs.

⬤ **Remarque**

> Dans une lettre, rien ne doit laisser prise à l'imagination du lecteur.

La trace, c'est le document qui permettra, à sa seule lecture, de reconstituer la conjoncture : ce qui a rendu la correspondance nécessaire, ce qui a été affirmé, ce qui a été annoncé, conseillé ou commandé, où, quand, comment et pourquoi. Le signataire (qui est rarement le rédacteur) doit pouvoir apposer son paraphe sans besoin de précisions. Un éventuel conseiller du destinataire ne doit pas pouvoir avancer que l'information est incomplète, inadaptée voire nuisible. L'information doit donc venir logiquement en réponse à une question ou à une situation et celles-ci doivent figurer clairement en début de texte.

⚠ **Attention**

Toute lettre doit être rédigée en pensant à la tierce personne mal intentionnée entre les mains de qui elle pourrait tomber.

Il ne faut donc jamais perdre de vue qu'une lettre peut être produite comme **preuve**, le plus souvent à la charge de celui qui l'a écrite. Pour éviter cela, en dire le moins possible ne serait pas une bonne solution, car le manque d'informations permet toutes les suppositions. La seule prévention des contentieux est de rédiger des lettres extrêmement précises tant dans le fond que dans la forme.

⚠ **Attention**

Toute lettre doit être datée et les raisons qui l'ont rendue nécessaire doivent être explicitement formulées.

C'est pour cela, qu'au lieu de vous contenter de répondre à la question posée, il vous faut au préalable reformuler cette question afin d'**attester** les propos auxquels vous répondez. C'est pour cela qu'avant de demander, il vous faut exposer la situation qui vous impose cette demande. C'est encore pour cela qu'une demande de devis doit être accompagné d'un cahier des charges précis et c'est enfin pour cela qu'une lettre de commande doit préciser dans le détail les conditions d'exécution, de livraison et de paiement.

⚠ **Attention**

Une lettre doit tout dire en termes précis.

C'est aussi parce que la lettre laisse une trace qu'elle ne doit pas être l'aveu de l'incompétence, de l'incurie, de l'impéritie du service qui l'a émise. Si un organisme peut reconnaître avoir fait une erreur c'est conjointement à une proposition honorable (pour les deux parties) de réparation. Mais toute affirmation qui pourrait être interprétée en « *on n'a pas le temps* » ; « *on a autre chose à faire que s'occuper des administrés* » ; « *on n'a pas pensé à mettre à jour les données* » ; « *on ne respecte pas les horaires et c'est normal* » ; etc. n'a pas sa place dans une lettre administrative.

⚠ **Attention** ———————————————————————————————

La lettre ne doit pas donner une image désinvolte, discourtoise ni erronée du service qui l'a émise.

Les exigences quant au langage d'une lettre ne sont pas arbitraires. Elles sont tout simplement la conséquence de la fonction de la lettre : informer et laisser une trace.

> Monsieur ;
> Par votre lettre datée du 28 avril 2005, vous me demandez quels sont vos recours envers des sociétés commerciales qui vous ont envoyé de la publicité à caractère pornographique alors que vous n'êtes jamais entré en contact avec ces sociétés et ne leur avez jamais communiqué votre adresse électronique.
> La nuisance que vous me décrivez contrevient à l'article 25 de la loi du 6 janvier 1978 disposant que « *la collecte de données opérée par tout moyen frauduleux, déloyal ou illicite est interdite* ». Elle peut être sanctionnée, selon l'article 226-18 du code pénal, par cinq ans d'emprisonnement et 30 000 euros d'amende.
> En conséquence, si vous estimez que les faits sont particulièrement graves, vous pouvez porter plainte auprès de la brigade de gendarmerie ou du commissariat de police le plus proche de votre domicile.
> Vous pouvez choisir d'adresser directement votre plainte au procureur de la République par lettre sur papier libre, au tribunal de grande instance du lieu de l'infraction ou du domicile de la société ayant commis l'infraction. Votre lettre devra préciser :
>     - votre état civil complet,
>     - le récit détaillé des faits, la date et le lieu
>     de l'infraction,
>     - la description et l'estimation provisoire ou définitive
>     du préjudice,
>     - les noms et adresses des éventuels témoins
>     de cette infraction,
>     - les éléments de preuve dont vous disposez.
> Veuillez agréer, Monsieur, l'expression de ma considération distinguée.

### Le plan découle des fonctions d'information et de trace de la lettre

Les fonctions d'information et de trace qui caractérisent une lettre imposent au rédacteur un plan qui :

- reformule la situation ou la demande ;
- élucide la situation point par point ;
- fait apparaître les moyens de résolution de cette situation.

En somme, le plan d'une lettre peut se résumer en trois grandes parties, éventuellement découpées à leur tour : Passé + Présent + Avenir.

⭐ **Conseil** ────────────────────────────────

Passé + Présent + Avenir est un moyen mnémotechnique permettant de retrouver ce que doit contenir une lettre.

## *Structure du corps de la lettre*

### PASSÉ

- rappeler la demande du correspondant en cernant précisément le point auquel répondra la lettre :

*« Par votre lettre en date du 00/00/00, vous me demandez... »*

*« Le 00/00/00, à l'occasion de XX, vous avez bien voulu me confier la tâche de... »*

ou,

- présenter la situation qui nécessite la demande :

*« La SNCF a l'intention d'organiser des... à... pour... »*

*« Le 00/00/00, j'ai été saisi de votre dossier réf. XXX concernant... »*

ou

- se présenter s'il s'agit d'une demande personnelle :

*« J'occupe depuis le 00/00/00 le poste de... à... et... »*

## PRÉSENT

■ donner les éléments de réponse précis au destinataire en adaptant le texte à son cas (son droit, les conditions de l'obtention, du renouvellement ultérieur et les répercussions de son action mais pas ce qui ne répond pas à sa question) :

*« Étant donné que vous êtes âgé de... et que votre revenu annuel est inférieur à XX euros, vous pouvez bénéficier de... Cette situation prendra fin lorsque vous aurez... c'est-à-dire le 00/00/00. Vous pourrez toutefois demander un renouvellement par lettre recommandée avec accusé de réception un mois avant l'échéance du... »*

ou

■ demander précisément :

*« C'est pourquoi j'ai l'honneur de vous demander de bien vouloir m'établir un devis pour la réalisation de cette opération. Ce devis devra exprimer le prix en euros et préciser le..., le... ainsi que la... »*

*« Un emploi de... étant devenu vacant à... et étant donné mes états de service, j'ai l'honneur de faire acte de candidature. »*

## AVENIR :

■ dire ce que l'on va faire :

*« Je vais donc m'employer à... »*

ou

■ dire ce que le correspondant va devoir faire :

*« Je vous invite donc à déposer votre demande expresse au... avant le... »*

Ces éléments peuvent se regrouper dans une même phrase et leur ordre : « *passé, présent et avenir* » n'est pas immuable. Par exemple

| Avenir | Présent | Passé |
|---|---|---|
| J'ai l'honneur de solliciter de votre bienveillance ma mutation à … | J'occupe actuellement le poste de… à … depuis… | La vacance d'un emploi a été publiée le… |
| **Passé** | **Passé** | **Avenir** |
| En effet, la vacance d'un emploi dans cet établissement a été publiée le… | …et un emploi dans mes compétences s'est libéré à X sous la référence… | … et j'ai l'honneur de solliciter de votre bienveillance ma mutation à ce poste. |
| **Présent** | **Avenir** | **Présent** |
| À cet égard, mes compétences et mes états de service m'autorisent à postuler. Notamment... | C'est pourquoi j'ai l'honneur de solliciter de votre bienveillance ma mutation à ce poste. | En effet, mes compétences et mes états de service m'autorisent à postuler. Notamment... |

© Éditions d'Organisation

# 2 Être méthodique pour être précis

## Posez-vous les bonnes questions et trouvez les réponses

Pour ne rien oublier dans chacune de ces parties utilisez la méthode de Quintilien[1] et posez-vous les questions :

### Récapitulatif des données

|  |  | POURQUOI ? |
|---|---|---|
| **QUI ?** | → Le service gestionnaire des… <br> → Aux candidats reconnus aptes | Choix des postes |
| **QUOI ?** | → Transmettre les fiches de poste <br> → Convoquer à la réunion obligatoire du 10/12/04 | Résultat des concours des 22 et 23 mai 2004 |
| **COMMENT ?** | → Priorité de choix selon classement <br> → Prévenir rapidement du désistement <br> → Informer des empêchements | Pour informer candidats sur liste d'attente |
| **COMBIEN ?** |  |  |
| **OÙ ?** | → Centre de formation de… <br> (Joindre un plan) |  |
| **QUAND ?** | → Le 10/12/2004 <br> → à 8 heures |  |

Bien des personnes qui ressentent une difficulté à la rédaction de lettres n'ont aucun problème d'expression écrite, mais ne détiennent pas toutes les informations qui leur auraient été nécessaires. Ces questions contribuent à récapituler les réponses détenues et celles qui manquent afin de voir clair et de compléter éventuellement l'information dans le dossier, auprès de la hiérarchie ou de l'intéressé.

---

1. Représentant officiel de l'éloquence sous l'empereur romain Vespasien au 1er siècle de notre ère.

Et lorsqu'il s'agit d'examiner une demande en regard de la réglementation les éléments peuvent être mis en parallèle de cette façon (contrairement à l'exemple ci-dessous, pour gagner du temps, vous emploierez le style télégraphique) :

| le cas | la réglementation |
|---|---|
| Monsieur Gaspard Halizan | |
| Demeurant à Paris | |
| Se plaint de recevoir des propositions commerciales de la part de sociétés qu'il n'a jamais contactées et à qui il n'a jamais donné son adresse électronique | - Loi du 6 janvier 1978 - article 25 prévoit et punit "le fait de collecter des données par un moyen frauduleux, déloyal ou illicite" <br> - L'article 226-18 du code pénal peut sanctionner de 5 ans d'emprisonnement et 30 000 euros d'amende. |
| Demande quels sont ses recours | Porter plainte auprès gendarmerie ou police ou écrire lettre expresse au procureur du TGI du lieu de l'infraction ou du siège société, avec : <br> - état civil complet, <br> - le récit détaillé des faits, la date et le lieu de l'infraction, <br> - la description et l'estimation provisoire ou définitive du préjudice, <br> - les noms et adresses des éventuels témoins de cette infraction, <br> - les éléments de preuve dont vous disposez |

Notez méthodiquement la moindre information, même si elle vous semble *a priori* n'avoir aucune conséquence sur le traitement du cas. C'est après avoir rempli les deux colonnes, que vous déciderez de ce qui figurera ou non dans votre lettre. Ainsi, ce seul tableau récapitulera tous les éléments nécessaires à la rédaccion et vous n'aurez plus besoin de revenir au dossier pour rédiger.

## Respectez les règles du traitement du courrier

Un service du courrier s'occupe de la logistique laissant aux rédacteurs le seul soin de rédiger. Mais le faible effectif de certaines antennes isolées, contraint les rédacteurs à assurer eux-mêmes cette fonction. Ce n'est pas pour autant que l'enregistrement doit être négligé.

📓 **À savoir** ───────────────────────────

Le courrier « entrant » est reçu par le service du courrier qui l'ouvre, qui l'enregistre et qui le répartit.

Enregistrer le courrier entrant a pour objectif de laisser une trace de son arrivée et de faciliter des recherches ultérieures. L'enregistrement du courrier consiste en l'apposition sur le document de sa date d'arrivée et du numéro d'enregistrement qui lui aura été chronologiquement attribué. Le document est ensuite répertorié dans un registre à colonnes indiquant :

| Date de réception | Numéro d'enregistrement | Nom de l'émetteur | Objet | Nom du destinataire |
|---|---|---|---|---|
|  |  |  |  |  |

C'est à cette étape que la présence effective des pièces jointes est vérifiée.

Le courrier est ensuite réparti entre les différents traitants — nommés ou non en suscription — en fonction de leurs attributions. Le courrier traitant d'affaires particulières ainsi que celui provenant d'un émetteur ou concernant une affaire qui auront été signalés par le plus haut échelon hiérarchique lui sera remis directement. On parle alors de courrier « *réservé* ».

■ **À savoir** —————————————————————————

Le courrier sortant est daté, enregistré, mis sous pli, affranchi expédié et les doubles sont classés.

C'est le service du courrier qui appose la date et le numéro d'enregistrement chronologique à l'emplacement que le rédacteur aura laissé vacant. Il répartit ensuite les trois doubles, quelquefois encore appelés « *pelures* » en souvenir du papier pelure ($15 \text{ g/m}^2$), qui était utilisé au temps des machines à écrire, entre : le dossier, le répertoire chronologique et les archives.

▼ **Astuce** ————————————————————————————

Varier la couleur des doubles peut faciliter leur acheminement et à leur classement.

Mais toutes les demandes n'arrivent pas par courrier. Il est difficile d'y répondre lorsque la question a été posée par téléphone et qu'il n'en reste aucune trace écrite. Noter méthodiquement la substance des communications (dans une grille QQCCOQP par exemple) et verser ces notes au dossier facilitera votre travail ultérieur (ou celui de vos collègues).

★ **Conseil** —————————————————————————————

Gardez une trace écrite des communications téléphoniques.

Toute lettre doit recevoir une réponse. Mais certaines demandes peuvent nécessiter une étude ou une instruction prolongée. Il est alors indispensable d'adresser au correspondant une réponse provisoire afin de lui montrer que sa requête est bien parvenue, qu'elle a été comprise et qu'on y a donné suite. Ce bon réflexe évitera des mauvais rapports et du temps perdu à répondre à des lettres de rappel, de réclamation ou à des coups de téléphone agressifs.

⭐ **Conseil** ─────────────────────────────────────

Envoyez des lettres ou des appels téléphoniques d'attente.

Certains administrés envoient de longues lettres traitant d'affaires différentes, concernant ou non plusieurs services et demandant un temps de traitement plus ou moins long. Prenez autant de copies que vous avez identifié d'affaires, puis traitez-les individuellement. Cela empêchera qu'une solution longue à venir retarde les autres réponses. Cela vous évitera aussi d'avoir à composer une seule longue lettre embrouillée. Et chacun des dossiers concernés recevra sa copie appropriée.

⭐ **Conseil** ─────────────────────────────────────

Traitez une affaire par réponse.

Il ne s'agit pas du même cas lorsqu'une lettre soulève plusieurs points relatifs à la même affaire, mais concernant plusieurs services. Afin d'éviter les confusions ou les doubles réponses, la concertation est indispensable. En règle générale, le service principalement intéressé s'occupe de la rédaction de la lettre en réponse, et les autres lui fournissent des « *éléments de réponse* ». Il s'agit d'une note, en style impersonnel, traitant le cas mais ne s'adressant pas au demandeur.

⭐ **Conseil** ─────────────────────────────────────

Fournissez ou faites-vous fournir des
« éléments de réponse ».

Il ne faut pas confondre « *éléments de réponse* » et « *projet de réponse* » ce dernier étant la lettre définitive soumise à la signature de l'autorité hiérarchique. Cette dernière n'est qu'un projet puisque le signataire peut la juger inappropriée, refuser de la signer et la faire recommencer.

## 3 Souscrire au « style administratif » parfaitement adapté aux fonctions de la lettre

Si « *style administratif* » il y a, il n'est en aucun cas arbitraire. Il ne s'agit pas d'une façon particulière de s'exprimer qui aurait pour seul but de singulariser l'Administration. Ce « *style administratif* » qui doit être recommandé à tout rédacteur — du secteur public comme du secteur privé — est le simple résultat des exigences entraînées par la valeur de trace des documents.

■ À savoir —————————————————————————

> S'il existe un« style administratif », c'est pour permettre à la lettre d'assurer sa fonction de trace.

Des légendes courent sur le style administratif. Il y aurait des mots et des tournures obligatoires et des mots et des tournures interdits. Or en dehors de certains usages que vous trouverez énumérés dans le tableau de la page 67 et qui relèvent plus de la convenance que du style, je n'ai trouvé, nulle part, absolument aucune consigne de ce genre. Tous les manuels de rédaction administrative vont essentiellement dans le sens de prescriptions qui concourent à rédiger une lettre qui remplisse parfaitement sa fonction d'information et de trace explicitée au chapitre précédent. C'est-à-dire, tout à la fois :

**unité + complètude + clarté + précision + concision + objectivité + dignité**

**Délivrez un message unique par lettre...**

Un seul thème est abordé dans une lettre. Si vous devez, par exemple demander à votre hiérarchie une autorisation de cumul de congés et une autorisation de modification d'horaires, chacune de ces demandes fera l'objet d'une lettre. Vous écrirez donc deux lettres d'une page, le même jour à la même hiérarchie, au lieu d'une seule de quatre pages. Ainsi chacune de vos lettres pourra être traitée par le fonctionnaire *ad hoc* et le traitement d'une demande ne retardera pas le traitement de l'autre.

⚠ **Attention**

> Un seul thème par lettre.

### ... qui donne une information complète...

Une lettre doit exposer les motifs qui ont conduit à l'écrire. Par exemple, une question a été posée, elle doit être clairement identifiée et reformulée en introduction. Un fait nouveau conduit à poser une question, il doit être résumé en une phrase dans l'introduction. Un projet amène à faire une demande, il doit être évoqué dans l'introduction.

⚠ **Attention**

> Une lettre doit exposer les motifs qui ont conduit à l'écrire.

Une lettre doit répondre complètement à la question posée en adaptant la réglementation au cas traité. Elle doit faire correspondre les éléments connus du cas, aux points de réglementation qui permettent de traiter le cas. Et elle doit, dans les limites de la question posée, donner la totalité des informations permettant de résoudre la situation.

Par exemple, si un fonctionnaire demande (par lettre de demande personnelle) s'il peut, sans répercussions désastreuses sur sa carrière, suivre son conjoint qui doit partir en mission à l'étranger pendant plusieurs années, la réponse ne sera jamais un laconique « *oui* », pas plus qu'elle ne sera « *Veuillez trouver ci-joint une photocopie des articles des statuts des fonctionnaires correspon-*

© Éditions d'Organisation

*dant à votre cas.* ». Elle sera « *Étant donné que **vous** êtes dans telle situation, que **vous** justifiez de..., **vous** avez le droit de...* »

⚠ **Attention** ─────────────────────────────

Une lettre doit donner des informations adaptées au cas traité
et non pas des généralités.

La réponse ne doit jamais être l'exposé exhaustif de tout ce qui est connu autour du sujet abordé. De plus, il serait ambitieux de s'imaginer qu'elle le puisse. La réponse doit se limiter à la question posée. Mais elle devra expliquer le cadre dans lequel s'inscrit le demandeur. Elle devra lui exposer son droit, à lui personnellement, dans son cas bien précis exclusivement. Elle devra donner exhaustivement les conditions d'obtention, de maintien, de renouvellement, d'interruption, etc. de ce droit.

*Par exemple : « Vous pourrez rester en disponibilité tant que vous remplirez les **conditions** requises. Il vous faudra cependant demander le **maintien** dans cette position administrative, par lettre, un mois avant l'échéance de la période de disponibilité en cours. Et lorsque vous souhaiterez **réintégrer** votre emploi vous devrez... »*

⚠ **Attention** ─────────────────────────────

Une lettre doit se limiter à son objet,
mais elle doit le traiter dans les détails.

La réponse devra enfin lui dire précisément ce qu'il doit faire ou ce qui sera fait par l'administration concernée, pour entamer la procédure qui lui permettra de bénéficier de son droit (voir structure de la lettre p. 48).

### … dans un langage clair…

Le langage écrit n'est pas si éloigné du langage parlé (si tant est qu'on ne parle pas un langage trop relâché). Pourquoi, à partir du moment où il s'agit de rédiger une lettre, chercher des contours et des mots compliqués ? Les choses — mêmes complexes — peuvent être traduites simplement, avec des mots simples. Pourquoi chercher des équivalents complexes (et souvent erronés) à « *commencer* », « *important* », « *habitude* », « *prévoir* », « *expédier* », « *renvoyer* », « *placer* », « *payer* », « *acheter* », « *récemment* », « *autrefois* », « *choix* », « *appartenir* », « *dépendre* », « *prolonger* », « *conclure* »… ?

⚠ **Attention** ───────────────────────────────

Les formulations complexes n'ont jamais été recommandées.

Par ailleurs, sans chercher des mots qui auraient plus de « *tenue* », le cadre juridique d'une situation peut amener à utiliser des termes juridiques et peu courants. Ainsi, dans une lettre à destination d'administrés, un terme juridique — certes précis — pourra être remplacé par sa définition. La « *quotité saisissable* » devenant « *la somme que la XXX est légalement autorisée à retenir sur votre salaire* ». Si cependant vous tenez à faire figurer le terme juridique, accompagnez-le de sa définition : « *la somme que la XXX est légalement autorisée à retenir sur votre salaire (quotité saisissable)…* » ou « *la quotité saisissable (somme que la XXX est légalement autorisée à retenir sur votre salaire)…* ». Vous aidez ainsi à la compréhension de l'administré et prévenez la surcharge de travail que vous causeraient les multiples appels téléphoniques demandant une explicitation.

| Information confuse | Information claire |
|---|---|
| Je vous invite à me fournir sous huitaine vos observations écrites afin de justifier du fait que nous n'avons aucune attestation de la recevabilité de votre dossier. | Veuillez m'écrire avant le 28 avril 2005 une note expliquant pourquoi vous ne pouvez pas me fournir les documents Y et Z. |
| Afin de vous aider à démarrer votre activité, il a été décidé d'accorder une dérogation et de maintenir vos droits au RMI encore un an, en estimant que les revenus de votre activité sont nuls. | Votre activité ne vous permettant pas encore d'avoir des revenus, vous pourrez continuer exceptionnellement à bénéficier du RMI jusqu'au 28 avril 2005. |
| Je vous précise que la non-production de ces documents dans les plus brefs délais est susceptible d'entraîner le classement sans suite de votre demande d'exonération. | Je ne pourrai pas examiner votre demande d'exonération si vous ne me fournissez pas ces documents avant le 28 avril 2005. |

**... précis...**

Il n'est plus question de se contenter d'un « *mais il est au courant, il saura bien ce que je veux dire* ». La lettre remplissant la fonction de trace (voir p. 45) l'information doit être parfaitement exprimée. Ainsi « *vous obtiendrez votre certificat d'immatriculation après une visite dans un centre agréé* » doit être remplacé par « *vous obtiendrez le certificat d'immatriculation **de votre véhicule** après **lui** avoir fait subir un **contrôle technique** dans un centre agréé* » car il ne s'agit pas de l'immatriculation de la personne, ni d'une visite dans un centre médical. « *Ça allait sans dire...* », êtes-vous sans doute en train de penser, mais ça va beaucoup mieux en le disant. Cela pour la bonne raison que celui qui lira cette lettre dans quinze ans sache, si cette pratique n'existe plus, à peu près à quoi s'en tenir, et ne divague pas sur l'embrigadement du citoyen français dans les premières années du XXI$^e$ siècle.

© Éditions d'Organisation

◭ **Attention** ───────────────────────────────────────┐

Rien ne « va sans dire ».

De même « *Veuillez retourner le document ci-joint* » laisse entendre que son destinataire pourra se contenter de jeter un coup d'œil sur le verso du document qu'il a reçu. On peut difficilement évaluer la gravité des conséquences de négligences de formulations de ce genre qui peuvent sembler au départ très anodines. Dans le doute, ne jamais commettre de négligences.

| Information imprécise | Information précise |
|---|---|
| Vous obtiendrez votre certificat d'immatriculation après une visite dans un centre agréé. | Vous obtiendrez le certificat d'immatriculation de votre véhicule après lui avoir fait subir un contrôle technique dans un centre agréé. |
| Veuillez retourner le document ci-joint. | Veuillez remplir et signer le document Y132 ci-joint, puis me le renvoyer à l'adresse figurant en en-tête. |
| Vous devez subir un contrôle pour être accepté. | Votre candidature ne pourra être retenue qu'après examen de votre dossier. |
| Les admis seront publiés au Journal officiel. | Les noms des candidats admis seront publiés au Journal officiel. |

### ... et concis

Être concis, c'est dire le plus de choses avec le moins de mots. Mais cette qualité ne doit pas aller à l'encontre de la précédente. Il ne s'agit pas d'écrire en style télégraphique ni de supprimer arbitrairement des informations indispensables à la complétude de la lettre.

| Information diluée | Information concise |
|---|---|
| Par votre lettre datée du 12 avril 2005, vous intervenez pour m'informer de… | Par votre lettre datée du 12 avril 2005, vous m'informez de… |
| Il a été décidé de vous accorder une dérogation et de maintenir vos droits à X jusqu'au… | Vos droits à X sont exceptionnellement maintenus jusqu'au… |
| En ce qui concerne les frais de déplacement, il m'est possible d'accorder une prise en charge à hauteur de 150 €. En conséquence votre note de frais sera prise en compte. | Vos frais de déplacement sont pris en charge puisqu'ils n'excèdent pas 150 €. |
| Les renseignements scolaires et psychologiques seront recueillis par les soins de la XXX. Au reçu de ces différents documents, le dossier sera examiné et des propositions d'orientation vous seront faites. | La XXX vous fera des propositions d'orientation après examen des renseignements scolaires et psychologiques qu'elle aura recueillis. |

**Formulez des propos objectifs…**

Les mots et les tournures qui vont être employés seront choisis en fonction des critères ci-dessus. Certaines choses seront dites ou tues, certains mots ou certaines tournures seront préférés à d'autres en fonction des circonstances, toujours en référence à ces critères, et surtout, considérant que ce n'est pas la personne du rédacteur qui s'exprime dans la lettre mais sa fonction, voire celle de son supérieur hiérarchique.

| Formulation subjective | Formulation objective |
|---|---|
| Vous êtes heureusement âgé de plus de 20 ans, vous avez donc la chance de bénéficier de… | Étant donné que vous êtes àgé de plus de 20 ans, vous pouvez bénéficier de… |
| Pensez à profiter de la possibilité d'employer un membre de votre famille comme tierce personne. | Cette tierce personne peut être un membre de votre famille. |
| Faites votre demande avant le 30 avril 2005 car les dispositions de ce décret ne seront plus valables après cette date. | J'attire votre attention sur le fait que les dispositions de ce décret n'autorisent le dépôt des demandes que jusqu'au 30 avril 2005. |

Par ailleurs, les détours de langages éloignent de la réalité et laissent trop de prise à l'interprétation. Il ne faut jamais perdre de vue que, dans l'Administration, ce n'est pas votre personne qui écrit, mais l'Administration sous la responsabilité du plus haut gradé de l'établissement. Vous n'êtes que la fonction qui traite le dossier, vous n'avez de ce fait aucune raison de vous sentir obligé de consoler madame Chose ou de féliciter monsieur Machin lorsque son droit expire ou lorsqu'il lui procure un avantage.

⭐ **Conseil**

*Informez, annoncez, avisez, notifiez, signalez, indiquez sans vous impliquer.*

Ce n'est pas le cas des lettres privées en rapport avec la fonction qui sont rendues nécessaires par des circonstances heureuses ou particulièrement tristes. Le fonctionnaire qui, à ces occasions, écrit à titre personnel emploie un langage moins austère. Il est évident que ces lettres exprimeront du regret pour un échec ou une disparition ou du plaisir et des félicitations à l'annonce d'une promotion ou d'une naissance.

### … et dignes en toute circonstance

Les lettres émises doivent rester dignes en évitant les maladresses, les indélicatesses et les propos malveillants les plus évidents qui tendraient à insulter ou à ridiculiser le correspondant, ou qui abordent des sujets qui ne regardent en rien l'Administration.

Mais la dignité des propos sert également à favoriser son l'image positive. En somme le contenu d'une lettre ne doit ni par le fond ni par la forme des propos, blesser injustement ou rabaisser d'une quelconque manière l'émetteur, le récepteur de la lettre ou un tiers.

| Propos négatif | Propos positif |
|---|---|
| Vous me signalez qu'il vous a été impossible de joindre nos services. Je vais m'employer à ce que les horaires de permanence soient convenablement respectés. (Vous semblez dire que les fonctionnaires ne respectent pas les horaires) | Vous parviendrez à joindre plus facilement le standard de la XXX pendant les heures creuses, soit : |
| Le site de la XXX n'ayant pas été mis à jour récemment, le numéro de téléphone du service Z est erroné. (Votre administration est négligente) | Vous pouvez joindre le service Z au 00 00 00 00 00, numéro qui figurera sur le site internet de la XXX dès la prochaine mise à jour. |
| Votre enfant handicapé percevra jusqu'à sa mort une pension de réversion. Celle-ci sera équivalente à 50 % de ce qu'aurait perçu sa mère si elle n'était pas décédée. (La mère vient de mourir, inutile d'en rajouter) | Votre enfant handicapé percevra à vie une pension de réversion correspondant à 50 % de ce qu'aurait perçu sa mère. |

Positiver les propos n'implique pas d'accuser les autres de ses propres erreurs. C'est cela qui manquerait de dignité.

| Propos dur et indigne | Propos digne |
|---|---|
| Une erreur s'est glissée dans votre décompte. (La sournoise... et sans que ce soit la faute de personne) | Le remboursement de vos frais de radiologie du 1er mars 2005 a été comptabilisé deux fois. |
| Vous avez donc perçu à tort la somme de... (Vous l'accusez d'avoir pris une part active) | La XXX vous a donc versé par erreur la somme de... |
| Somme que vous devez nous rembourser intégralement avant le 28 avril 2005. | Je vous invite à me contacter afin que nous convenions des modalités de remboursement. |

Lorsqu'on s'aperçoit d'une incohérence dans un dossier administratif, la première lettre ne doit jamais être une accusation voire une demande de réparation.

**À savoir**

En cas de litige, une première lettre doit toujours être une demande d'explications.

| Propos dur et indigne | Propos digne |
|---|---|
| À la même date vous avez comptabilisé deux séances de kinésithérapie à madame X alors que manifestement vous n'avez pu n'en dispenser qu'une seule. | Les états du mois de janvier font apparaître que vous auriez dispensé deux séances de kinésithérapie le même jour à madame X. |
| Vous devez donc nous rembourser cette somme avant le 28 mars 2005. | Je vous invite donc à m'écrire ou me rencontrer pour m'expliquer cette incohérence. |

## Connaître les usages administratifs

Il existe enfin un code de courtoisie propre à l'Administration, mais en train de tomber en désuétude. Il repose en effet, sur des nuances sémantiques qui ne sont plus toutes ressenties de nos jours. Si la nuance entre « *ordonner* » (qui ne peut qu'être le fait d'un supérieur hiérarchique) et « *solliciter* » (qui ne peut qu'émaner d'un subordonné) reste perceptible, celles qui peuvent exister entre « *bien vouloir* » et « *vouloir bien* » se sont énormément estompées. La formule introductive de politesse « *j'ai l'honneur* », par exemple, initialement indispensable à toute lettre administrative, est mal perçue par les administrés lorsqu'elle accompagne une mauvaise nouvelle et est de ce fait abandonnée dans de nombreuses administrations.

Si vous appartenez à une administration conservatrice, vous en trouverez la liste dans le tableau ci-après. La première colonne récapitule les termes qui peuvent être employés par un supérieur hiérarchique envers ses subordonnés, la deuxième ceux qui s'emploient dans une correspondance entre égaux et la dernière, ceux que doit employer un subordonné envers son supérieur hiérarchique.

## LES USAGES ADMINISTRATIFS

| Le supérieur | L'égal | Le subordonné |
|---|---|---|
| **Locution verbale de politesse :** | | |
| J'ai l'honneur de... | J'ai l'honneur de... | J'ai l'honneur de... |
| **Locutions verbales d'insistance :** | | |
| Vouloir bien | | Bien vouloir |
| *Pour souligner l'urgence :* | | |
| Dans les plus courts délais<br>Dans les meilleurs délais<br>Dans les délais les meilleurs<br>Dès que possible<br>Le plus tôt possible | Dès que possible<br>Le plus tôt possible | Dès que possible<br>Le plus tôt possible |
| **Pour faire connaître un fait, une idée :** | | |
| Faire connaître<br>Porter à la connaissance<br>Informer<br>Faire savoir<br>Faire remarquer<br>Faire observer<br>Aviser<br>Attirer l'attention sur | Faire connaître<br>Porter à la connaissance<br>Informer<br>Faire savoir<br>Faire remarquer<br><br>Attirer l'attention sur | Soumettre<br>Exposer<br>Rendre compte<br><br><br><br>Appeler l'attention sur |
| **Pour adresser un document ou le renvoyer à son expéditeur :** | | |
| Adresser (en retour)<br>Joindre<br>Faire retour<br><br>Envoyer<br>Faire renvoi | Adresser (en retour)<br>Joindre<br>Faire retour<br><br>Envoyer | Adresser<br>Joindre<br>« J'ai l'honneur de vous faire retour de... »<br>Faire parvenir<br>Transmettre |
| **Pour inciter :** | | |
| Enjoindre à<br><br>Ordonner | | Proposer (si du ressort)<br>Suggérer (si dépasse compétence) |

.../...

| | | |
|---|---|---|
| Engager (*latitude dans l'exécution*) | | Croire devoir souligner |
| Prescrire | | Estimer devoir |
| Prier | Prier | Être conduit à |
| Prier de vouloir bien | Prier de vouloir bien | Penser devoir recommander de |
| Convier | Convier | Il semble utile de |
| Inviter à | Inviter à | Croire utile de |
| «Je vous serais obligé de vouloir bien me rendre compte des dispositions que vous aurez prises. » | | |
| **Pour adresser une demande :** | | |
| Demander<br>«Vous m'avez demandé…»<br>«Je vous demande de veiller à l'application de cette décision. » | Demander | Demander<br>Demander de bien vouloir<br>«J'ai l'honneur de vous demander de bien vouloir m'autoriser…»<br>solliciter( à titre personnel) |
| **Pour indiquer l'importance de la décision du supérieur :** | | |
| | | Appeler l'attention sur la gravité ou l'urgence |

## 4 Écrire en français correct et compréhensible

L'article 110 de l'ordonnance de Villers-Cotterêts, signée par François Ier en août 1539, ordonne « *que les arrêts de justice soient faits et **écrits si clairement**, qu'il n'y ait, ni puisse avoir, aucune ambiguïté ou incertitude, ni lieu à demander interprétation.* »

Son article 111 ordonne « *que tous arrêts, ensemble toutes autres procédures, soit de nos cours souveraines et autres subalternes et inférieures, soit de registres, enquêtes, contrats, commissions, sentences, testaments, et autres quelconques actes et exploits de justice, soient prononcés, enregistrés et délivrés aux parties, en langage maternel français et non autrement.* »[1]

Dans une lettre datée du 5 germinal an VIII (26 mars 1800), le ministre de l'Intérieur (Lucien Bonaparte) demandait aux préfets dont le corps venait d'être tout nouvellement créé : « *Entretenez avec moi une correspondance soignée, mais délivrez-la de tout ce qui n'est pas essentiellement nécessaire. C'est de la brièveté, de la précision, de la distinction des objets, que dépend la prompte exécution des affaires.* »

Dans sa lettre d'encouragement adressée en novembre 1967 à l'association pour le bon usage du français dans l'Administration (ABUFA), Georges Pompidou, alors Premier ministre, écrivait : « *une administration qui ne se fait pas comprendre de ses administrés, immédiatement et sans interprète, ne remplit pas sa mission.* »[2]

L'arrêté du 2 juillet 2001 crée le comité d'orientation pour la simplification du langage administratif (Cosla) « *chargé de formuler des propositions concrètes pour améliorer la qualité du langage administratif* ». Ce comité a produit un guide de rédaction ; un lexique de 3 500 mots et expressions accessible aux fonctionnaires sur le site internet[3] et un logiciel d'aide à la rédaction administrative (Lara) qui peut remplacer le correcteur orthographique d'un traitement de texte.

Par sa circulaire du 14 février 2003, le Premier ministre demande aux ministres, ministres délégués et secrétaires d'État « *de*

---

1. http://www.academie-francaise.fr/langue/index.html
2. Voir en annexe p. 171
3. http://www.dusa.gouv.fr/cosla/index.htm

*conduire une politique ambitieuse, déterminée et renouvelée en faveur de la langue française. »*

● **Remarque** ────────────────────────────────

Depuis cinq siècles, les gouvernants demandent à l'Administration de s'exprimer dans un français correct, concis, précis et compris de tous.

Il faut donc oublier nos réflexes de lycéens qui rédigeaient dans le seul but d'avoir rédigé, puisque c'était tout ce qu'on attendait d'eux, et qui tentaient (souvent maladroitement) de faire des prouesses de style en espérant parvenir à noircir au moins une entière copie double. Il nous faut prendre des réflexes de professionnels, qui ne sont plus en train d'apprendre, mais utilisent les outils (vocabulaire et grammaire) qui leur ont été enseignés, afin de traiter une situation réelle et se faire comprendre.

● **Remarque** ────────────────────────────────

La correspondance administrative n'est pas faite pour encombrer les archives, mais pour assurer une fonction.

En effet, nous connaissons tous d'excellents « *techniciens* » de la langue française, incollables sur les accords grammaticaux mais pas toujours compréhensibles… Nous avons tous aussi côtoyé des « *formalistes* », pointilleux sur la largeur d'une marge, l'épaisseur d'un trait, l'emplacement de la date, l'emploi du mot ou de la tournure selon eux homologués, mais beaucoup moins rigoureux quant à la clarté du message. Ces deux aspects sont certes indispensables, mais pas isolément. Ils doivent être associés à une bonne gestion de la large part d'« *humain* » indissociable de la correspondance. Une lettre traite de la vie réelle, et dans la vie réelle chaque situation est unique. Même des situations en apparence semblables, ne réuniront jamais exactement les mêmes paramètres, ne serait-ce que l'instant.

**● Remarque** ———————————————————————

Notre jugement doit être constamment sollicité pour faire plier notre technique et notre formalisme à l'authencité du message

Effectivement, le message risque d'être déformé par :

■ la passion et le manque d'objectivité de part et d'autre ;

■ les sens parasites que nos cultures (familiale, régionale, technique, universitaire, professionnelle...) rattachent à des mots ;

■ nos humeurs, nos préjugés, nos stéréotypes, nos « *évidences* »...

L'authenticité du message ; son devoir de transcrire au plus près la réalité pour en éviter les interprétations, passe par la vérification du sens des mots employés et le dépouillement de la syntaxe. **Un mot ne s'emploie pas parce qu'il est plus joli ou plus noble, mais parce qu'il couvre le plus exactement le sens de ce qui doit être exprimé.** Une phrase se construit par l'assemblage de ces mots choisis pour leur sens précis et non pour produire une jolie musique. Réservez donc, les effets de style, les expressions toutes faites et les périodes sibyllines à vos productions littéraires. Une syntaxe simplifiée évite, de plus, les accords grammaticaux complexes.

**★ Conseil** ———————————————————————

Écrivez du sens plutôt que du son.

> **Objectif concours**
>
> Employer :
>
> - Des mots précis adaptés et compréhensibles par les destinataires ;
>
> - Des mots attestés* dans la langue française et utilisés dans la construction qui leur est reconnue. Le meilleur arbitre étant le dictionnaire de l'Académie française[1].
>
> Faire :
>
> - Des phrases qui s'attachent au sens produit plutôt qu'au son ;
>
> - Des phrases les plus courtes possible en restant précis et explicite. Au-delà de 30 mots, une phrase est comprise par peu de personnes ;
>
> - Des phrases articulées par des mots de liaison soulignant le lien logique entre les différentes propositions de la phrase ;
>
> - Des phrases positives. Plus il y a de négations, plus la confusion augmente ;
>
> - Des phrases respectant les accords grammaticaux ;
>
> C'est écrire dans un français correct.

### Employez des mots précis et attestés

Nous avons certains mots dans l'oreille parce que nous les entendons fréquemment. Ce n'est pas pour autant qu'ils sont **attestés*** dans le sens que nous avons cru comprendre. Personne n'est suffisamment savant pour se permettre de ne jamais ouvrir son dictionnaire. En l'occurrence, n'employez jamais de mot dont la

---

1. Le dictionnaire de l'Académie française est accessible sur internet http://atilf.atilf.fr/academie9.htm

définition dans un dictionnaire sera précédée de « *sens critiqué* » ; « *sens abusif* » ; « *familier* »…

| Phrases contenant des mots à la mode et à l'existence contestable | Phrases contenant des mots attestés |
|---|---|
| Je vous ~~auditionnerai~~[a] dès que vous aurez ~~solutionné~~ le ~~problème~~ des candidatures. | Je vous recevrai[b] dès que vous aurez résolu la question de la limitation des candidatures· |
| Pour ~~clôturer~~ la séance, monsieur X nous parlera de… | Pour clore la séance, monsieur X nous parlera de… |
| Cette suggestion est ~~basé~~ sur l'absentéisme. | Cette suggestion se fonde sur l'étude des causes de l'absentéisme. |
| Avant d'~~initialiser~~ ce projet, il conviendrait de ~~contacter~~ le responsable des archives. | Avant d'entreprendre ce projet, il conviendrait de joindre le responsable des archives. |
| Il convient de ~~stopper~~ l'invasion des anglicismes | Il convient d'enrayer l'utilisation des anglicismes |
| Afin d'améliorer l'accueil, les emplois du temps des agents ont été comparés. Cette ~~approche~~ a fait apparaître… | Afin d'améliorer l'accueil, les emplois du temps des agents ont été comparés. Cette méthode a fait apparaître… |

a.  On n'auditionne que les artistes.
b.  Je vous recevrai, sous entendu : pour vous entendre. Il n'est pas faux d'écrire « Je vous entendrai demain » » ou « Je vous écouterai le… »

## Utilisez des constructions reconnues

Il en est de même pour la construction des mots, c'est-à-dire la manière de les arranger dans la phrase en respectant les règles de la syntaxe et/ou de l'usage.

Une construction fautive, comme il aurait été pardonné à un étranger qu'il la commette, s'appelle un barbarisme. Le langage parlé, qui est plus relâché, nous en a également mis dans l'oreille. Si les recommandations ci-dessous vous étonnent, reportez-vous

à un dictionnaire des difficultés de la langue conseillé en biblio-
graphie (p. 185).

| Barbarisme | Construction reconnue |
|---|---|
| Cette décision a été prise ~~suite à~~ l'examen de votre dossier.~~e~~ | Cette décision a été prise à la suite de l'examen de votre dossier. |
| Comme nous ~~avons~~ convenu par téléphone... | Comme nous sommes convenus par téléphone... |
| Les nouvelles dispositions pallient à ces inconvénients. | Les nouvelles dispositions pallient ces inconvénients. |
| C'est pourquoi je me permets de postuler~~à~~ cet emploi vacant. | C'est pourquoi je me permets de postuler cet emploi vacant. |
| Je ne me permettrais pas de préjuger ~~de~~ mes chances d'obtenir... | Je ne me permettrais pas de préjuger mes chances d'obtenir... |
| Je consens ~~à ce~~ que vous soyez déçu mais... | Je consens que vous soyez déçu mais... |
| ~~Aussi~~ important que ce soit, je ne puis vous accorder ce congé. | Si important que ce soit, je ne puis vous accorder ce congé. |
| Je vous invite à vous organiser avec vos collègues de façon ~~à ce~~ que vous puissiez prendre vos congés à la période souhaitée. | Je vous invite à vous organiser avec vos collègues de façon que vous puissiez prendre vos congés à la période souhaitée. |
| Votre lettre semble présumer ~~d'~~une responsabilité de la direction XX... | Votre lettre semble présumer une responsabilité de la direction XX... |
| Le service technique débutera ~~les travaux~~ le X. | Les travaux, assurés par le service technique, débuteront le X. |
| Une concertation s'~~en est suivie~~ | Une concertation s'en est ensuivie. |

### N'usez pas d'expressions « toutes faites »

Pour cela encore, notre oreille nous joue des tours et nous
employons machinalement des tournures dont nous n'avons
jamais recherché le sens exact. De plus, astucieuse (et originale)
lorsqu'elle est originelle une telle formule devient à la fois
prétentieuse et balourde lorsqu'elle est reprise souvent et machinalement.

| Phrases contenant des expressions toutes faites et imprécises | Phrases sans ambiguïté |
|---|---|
| L'offre de ce fournisseur a été évaluée ~~en terme~~ de compétences et de coût. | L'offre de ce fournisseur a été évaluée en matière de compétences et de coût. |
| Vous avez perçu la prestation~~au titre de~~ votre fils mineur. | Vous perceviez une prestation parce que votre fils était mineur. |
| Le projet de déménagement des archives s'accompli~~sous la houlette de~~ madame Lafay. | Madame Lafay est responsable du projet de déménagement des archives. |
| Les accidents du travail de l'année écoulée ont ~~dépassé la cote d'alerte~~. | Le nombre d'accidents du travail en 2004 a été supérieur aux dix années précédentes. |
| Le rapport Z ~~fait l'impasse sur~~ les conditions d'accueil. | Le rapport Z élude les conditions d'accueil. |
| Selon des ~~sources généralement bien informées~~,... | Selon le rapport de la commission Z... |
| La dernière commission paritaire~~a tiré la sonnette d'alarme~~ et nous ~~verrons bientôt le bout du tunnel~~. | Lors de son assemblée du X, la commission paritaire a abordé le thème du manque d'effectif et la hiérarchie s'est engagée à obtenir deux agents supplémentaires. |
| L'accès à la formation est ~~le point d'orgue~~[a] de cette nouvelle réforme. | L'accès à la formation est le point le plus important de cette réforme. |
| Les syndicats redoutent de prochaines ~~coupes sombres~~[b]. | Les syndicats craignent que ces mesures n'entraînent de nombreux licenciements. |

a. Un « *point d'orgue* » est un signe qui, sur une partition, indique que la note qui le porte peut durer autant que le souhaite l'interprète. Une expression contenant ce terme ne peut signifier « *important* », mais « *qui fait durer* ». Par exemple « *Le président coiffa d'un point d'orgue la cérémonie de clôture.* » = il la fit s'éterniser.

b. Des « *coupes sombres* » désignent, dans le langage forestier l'abatage de quelques arbres laissant la forêt sombre. La coupe claire éclaircit la forêt par l'abatage d'un grand nombre d'arbres.

## Appliquez les règles d'accords grammaticaux

Là encore, l'école est loin et certaines règles de grammaire sont demeurées obscures ou incomplètes. Si certains des accords qui vous sont proposés ici vous choquent, rouvrez votre bon vieux livre de grammaire.

| Accord erroné | Accord correct |
| --- | --- |
| Voyez le texte page soixante et une, ligne quatre-vingts. | Voyez le texte page soixante et un, ligne quatre-vingt. |
| Vous pourrez retrouver votre emploi après que vous ayez effectué ce stage. | Vous pourrez retrouver votre emploi après que vous aurez effectué ce stage. |
| Vous trouverez les documents urgents dans les chemises oranges. | Vous trouverez les documents urgents dans les chemises orange. |
| À compter de mai, tous les militaires revêtissent leur uniforme d'été. | a compter de mai, tous les militaires revêtent leur uniforme d'été. |
| Vous obtiendrez ce dossier sans aucun frais. | Vous obtiendrez ce dossier sans aucuns frais. |
| La décision ressort de la compétence du juge. | La décision ressortit à la compétence du juge. |
| Madame Dupont et madame Durand se sont succédées à la présidence. | Madame Dupont et madame Durand se sont succédé à la présidence. |
| Étant titulaire du baccalauréat, je peux vous proposer de vous présenter au concours de SA. | Étant titulaire du baccalauréat, vous pouvez vous présenter au concours de SA. |
| La disposition que j'ai faite annuler. | La disposition que j'ai fait annuler. |

## Choisissez des verbes riches de sens

Une phrase décrit une action (plus rarement un état). Le mot qui dans la phrase exprime l'action est le verbe. Choisissez donc avec soin le verbe de chacune de vos phrases pour qu'il traduise précisément l'action que vous voulez exprimer.

Cela ne vous dispense pas de tenir compte du degré de compréhension de votre destinataire.

Mais préférez toujours une action exprimée par un seul mot plutôt que par plusieurs. Une périphrase peut rendre votre message confus alors que s'obliger à choisir un verbe précis impose de réfléchir soi-même aux nuances que l'on doit exprimer. L'accumulation des termes pour traduire une action n'est tolérable que lorsqu'il est important de dire les choses avec délicatesse.

| Action dilatée | Action concentrée |
|---|---|
| Ce texte a fait l'objet d'une mesure abrogatoire. | Ce texte a été abrogé. |
| La commission a procédé l'examen de votre candidature à. | La commission a examiné votre candidature. |
| La mise en pratique de ces nouvelles directives interviendra le 3 mai. | Ces nouvelles directives seront appliquées dès le 3 mai. |

*NB : Les auxiliaires destinés à traduire un temps passé ou une voie passive demeurent nécessaires.*

## QUELQUES SUGGESTIONS DE VERBES PRÉCIS UTILES DANS LA RÉDACTION ADMINISTRATIVE

| Pour entrer en matière | Considérer le dossier<br>Reconsidérer la question<br>Instruire une déclaration<br>Mériter un examen approfondi<br>Situer la difficulté | Examiner l'affaire<br>Constater les faits<br>Étudier le dossier<br>Introduire un recours<br>Aborder la question |
|---|---|---|
| Pour approuver | Approuver les termes d'une lettre<br>Acquiescer à une demande<br>quelque chose rencontre l'assentiment de quelqu'un<br>quelque chose a recueilli l'agrément de<br>Souscrire à une demande<br>Consentir à donner suite | Convenir du bien-fondé de<br>Emporter l'agrément de<br>Apprécier le bien-fondé de<br>Admettre une façon de voir<br>Accepter |
| Pour communiquer | Communiquer<br>Notifier<br>Publier | Informer<br>Aviser<br>Instruire |

.../...

| | | |
|---|---|---|
| **Pour donner** | Accepter une proposition, une solution<br>Influer sur une décision<br>Autoriser l'émission d'un mandat<br>Accorder une autorisation<br>Adopter une résolution<br>Proroger la validité de | Attribuer une mission<br>Assigner un but<br>Allouer une indemnité<br>Dispenser de cotisation<br>Exonérer de<br>Exempter de<br>Abréger un délai |
| **Pour soutenir** | Appuyer une requête<br>S'associer à l'argumentation<br>Collaborer à la mise en œuvre de<br>Rapprocher des points de vue | Concilier les manières de voir<br>Contribuer à l'élaboration<br>Coordonner des mesures<br>Partager une manière de voir |
| **Pour motiver son point de vue** | Arguer d'un précédent<br>Certifier la véracité de ses dires<br>Ne pas méconnaître la valeur de<br>Exciper[a] d'une attestation<br>Fonder ses propos sur<br>Se reporter à un précédent<br>Vous reconnaîtrez avec moi que<br>Se conformer aux dispositions de la loi du<br>S'en remettre à l'autorité de<br>S'en reporter à la loi<br>Se prévaloir d'un argument<br>Observer une prescription<br>Outrepasser des droits<br>Parer à toute éventualité | Consolider un argument<br>Formuler des observations<br>Insister sur<br>Justifier une prétention<br>Le contrat stipule que<br>La loi dispose que<br>Le texte préconise le<br>Se référer au texte<br>Évoquer un cas<br>Exposer les faits<br>Ne pas négliger que<br>Établir une distinction<br>Se prémunir contre |
| **Pour remettre à plus tard** | Ajourner l'application de<br>Ne pas négliger que<br>Méconnaître la valeur de<br>Impartir un délai<br>Reconduire un délai | Différer la décision<br>Envisager une solution<br>Surseoir à la décision<br>Suspendre l'application<br>Reporter à |

.../...

| | | |
|---|---|---|
| **Pour exprimer une décision** | Décider de<br>Interdire l'usage de<br>Arrêter une disposition<br>Influer sur une décision<br>Promulguer une loi<br>Promouvoir une réforme<br>Saisir une instance d'une question | Décréter que<br>Le texte dispose que<br>Édicter une disposition<br>Instituer une charte<br>Ratifier un traité<br>Diriger une enquête<br>Statuer sur |
| **Pour exprimer une modification** | Apporter des modifications<br>Modifier un projet<br>Amender un projet de réglementation | Restructurer un service<br>Remanier un texte<br>Abroger une loi |
| **Pour exprimer une action administrative** | Appliquer une sanction<br>Être contraint à prendre une sanction<br>Convoquer une commission<br>Exécuter une prescription<br>Commencer un travail<br>Entreprendre une action<br>quelque chose ou quelqu'un débute | Légaliser une signature<br>Valider/invalider<br>Organiser une cérémonie<br>Régulariser une situation<br>Rédiger une instruction<br>Optimiser les compétences<br>Convoquer une commission<br>Diriger une enquête |
| **Pour exprimer une action financière** | Imputer une dépense<br>Aménager un impôt<br>Indexer un emprunt<br>Ordonnancer une dépense<br>Percevoir une taxe<br>Recouvrir un impôt | Liquider une pension<br>Mandater un traitement<br>Annuler un crédit<br>Geler un crédit<br>Recevoir une subvention |
| **Pour ordonner** | Je décide que<br>Je demande que | Je désire que<br>Je me réserve de<br>Je suis obligé de |
| **Pour refuser** | Infirmer la portée d'un argument<br>quelque chose ne relève pas de la compétence de<br>Cette disposition ne rétroagit pas (n'a pas d'effet rétroactif)<br>Il ne saurait être question de | Prohiber l'usage de<br>Proscrire une méthode<br>Rejeter un argument<br>Soulever une objection<br>Contester un droit |

.../...

| Pour inviter à agir | Je vous ordonne de<br>Je vous enjoins à<br>Je vous invite à<br>Je vous prie de<br>Je vous convie à<br>Je vous engage à<br>Je vous laisse le soin de<br>…sans omettre de | Il vous appartient de<br>Il vous incombe de<br>Il convient de<br>Il importe de<br>Il y a lieu de<br>Il sied de<br>Il paraît indispensable[b] de |
|---|---|---|
| Les événements d'une carrière | Accéder à un poste<br>Affecter un fonctionnaire à un poste<br>Titulariser un auxiliaire<br>Révoquer un fonctionnaire<br>Fonctionnariser une profession<br>Ressortir à l'administration<br>Se départir de ses droits<br>Faire valoir ses droits à la retraite<br>Obtenir une mise en disponibilité | Régulariser sa situation<br>Notifier une promotion<br>Habiliter un contrôleur<br>Se démettre d'une fonction<br>Résigner ses fonctions<br>Réintégrer ses fonctions<br>Exercer une fonction<br>Nommer à un poste |

a. S'appuyer sur, s'autoriser de quelque chose
b. Vous pouvez varier « indispensable » par « nécessaire », « opportun », « préférable », « souhaitable ».

### Articulez votre texte à l'aide de mots de liaison

Les mots de liaison sont loin d'être superflus. Ils indiquent avec certitude le rapport logique ou chronologique qui existe entre une phrase et celle qui la suit.

### Exemples :

*Votre proposition est retenue, **toutefois** il faudra me faire parvenir votre extrait Kbis. (Est-ce que à la vue de cet extrait, l'administration se réserve de revenir sur sa décision ?)*

*Votre proposition est retenue, **en conséquence** il faudra me faire parvenir votre extrait Kbis. (L'envoi de cet extrait est bien une simple suite logique des formalités qui n'a aucun effet sur la décision.)*

© Éditions d'Organisation

*Votre proposition est retenue, **en outre** il faudra me faire parvenir votre formulaire Kbis. (En plus de quoi ?)*

*Votre proposition est retenue, **par ailleurs** il faudra me faire parvenir votre formulaire Kbis. (L'envoi de cet extrait concerne une autre affaire que la proposition ?)*

## QUELQUES EXEMPLES DE MOTS DE LIAISON

### ▇ Pour commencer :

| | | |
|---|---|---|
| D'une part… | À première vue… | D'abord… |
| En premier lieu… | | Tout d'abord… |

### ▇ Pour continuer en ajoutant une information :

| | | |
|---|---|---|
| D'autre part… | En outre… | De plus |
| En second lieu… | Il reste à examiner | Puis |
| Ensuite… | Au surplus… | Par ailleurs |

### ▇ Pour continuer en cernant le propos :

| | | | |
|---|---|---|---|
| À cet égard | En ce qui concerne | Sous cet angle | Par exception |
| À ce sujet | | Sous cet aspect | Par surcroît |
| À propos de | En ce qui regarde | En particulier | Sans doute |
| En d'autres termes | En ce qui touche | En principe | Sous cette réserve |
| En effet | En ce sens | Entre autres | Au demeurant |
| En fait | En l'espèce | Notamment | Au reste |
| | En l'objet | | |

### ▇ Pour continuer en exprimant la cause :

| | | | |
|---|---|---|---|
| À la suite de… | À cause de… | Du fait que… | Parce que… |
| Puisque | | | |

### ▇ Pour continuer en exprimant la conséquence :

| | | | |
|---|---|---|---|
| Donc… | Par conséquent… | Afin que… | Dans ces |
| Aussi | | | conditions |

### ■ Pour continuer en exprimant une réserve :

| | | |
|---|---|---|
| Toutefois… | À titre exceptionnel… | En revanche (« par contre » |
| Néanmoins… | Dans la mesure où | est déconseillé) |
| Cependant… | En dépit de… | Il importe de ne pas perdre de vue que… |
| Mais… | Sous ce rapport | Il n'est pas douteux que… |
| Malgré… | Sous cette réserve | Du reste… |
| À mon avis… | Notamment… | En dépit de… |
| À mon sens… | Pour ma part… | Au reste… |

### ■ Pour continuer en exprimant le temps :

| | | | |
|---|---|---|---|
| Au fur et à mesu-re | Dès maintenant | D'ores et déjà | Sans délai Sans tarder |

### ■ Pour continuer en exprimant l'importance :

| | | | |
|---|---|---|---|
| À titre principal | À titre secondaire | À titre de compte | À tous égards |
| À titre exceptionnel | À titre accessoire | rendu | En tout état |
| | À titre subsidiaire | À titre | de cause |
| | | d'information | |
| | | D'une manière | |
| | | générale | |

### ■ Pour conclure :

| | | |
|---|---|---|
| Enfin… | En dernier lieu… | En somme |
| Pour finir… | En conclusion… | En résumé |
| En dernière analyse, il | Pour conclure… | Pour terminer |
| ressort | Terminons par… | En définitive |

## Maîtrisez l'emploi des majuscules

Chaque administration centrale a publié dans son bulletin officiel une instruction relative à l'emploi des majuscules. Toutes ces instructions ne font que rappeler les règles en vigueur à l'Imprimerie nationale[1], règles qui sont ancestrales et qui sont parfaitement appliquées dans le Journal officiel. Tout ce qui peut vous apparaître comme un changement n'est en fait que la révélation des limites de la machine à écrire ou des erreurs passées commises sous influence anglo-saxonne (les règles d'emploi des majuscules sont différentes selon la langue employée). En effet, la machine à écrire n'offrait pas d'autre moyen que la capitale pour mettre en valeur un mot alors que le traitement de texte propose le gras, l'italique ou la petite capitale. Par ailleurs, elle interdisait de conserver aux capitales leurs signes diacritiques (accents, trémas, cédilles) alors que les traitements de texte le permettent.

⭐ **Conseil** ——————————————————————————————

> Prenez le Journal officiel comme modèle d'emploi des majuscules.

Les règles d'emploi des majuscules sont donc des règles d'usage qui, de ce fait, ne peuvent se résumer en quelques consignes simples. Mais avec un peu d'attention, il est possible d'en maîtriser les bases. En effet, les majuscules existent pour contribuer à la lisibilité en répondant à des impératifs de **position**, de **signification** et de **déférence**.

---

1. Voir « Lexique des règles typographiques en usage à l'Imprimerie nationale » édité par l'Imprimerie nationale en 2002 - 196 pages - 14 euros - ISBN 2-7433-0482-0 et/ou http://perso.univ-lyon2.fr/~poitou/Typo/t03.html

⭐ **Conseil**

> La majuscule est un point de repère dans votre texte ;
> ne la dédaignez pas mais n'en abusez pas.

La **majuscule** a pour fonction de signaler le début d'une phrase ou un type particulier de mot. Elle est là pour attirer notre attention. Omettre la majuscule ou abuser des majuscules c'est se priver d'un moyen simple de faciliter la lecture. Les lettres sur lesquelles il n'y a pas lieu d'attirer l'attention sont écrites en **minuscules**.

⬤ **Remarque**

> La distinction entre majuscule et minuscule est de nature
> linguistique.

En typographie (imprimerie) on a coutume de réaliser les majuscules en **lettres capitales** (très exceptionnellement en bas-de-casse) et les minuscules en **bas-de-casse** ou, parfois, en **petites capitales**, ou, encore, plus exceptionnellement en capitales.

⬤ **Remarque**

> La distinction entre capitale et bas-de-casse est de nature
> typographique.

*Exemples :*

| 1 - Majuscules en capitales et minuscules en bas-de-casse | 2 - Majuscules en capitales et minuscules en petites capitales | 3 - Tout en capitales | 4 - Tout en bas-de-casse |
|---|---|---|---|
| Monsieur Jean Talus | Monsieur JEAN TALUS | MONSIEUR JEAN TALUS | monsieur jean talus |

**◉ Remarque** ——————————————————

La lisibilité est meilleure lorsque les majuscules seulement
sont traitées en capitales (exemples 1 et 2).

Pour ce qui peut concerner la lettre, l'Imprimerie nationale
recommande l'utilisation des petites capitales dans la composition des noms des signataires, et des chiffres romains lorsqu'il
s'agit d'évoquer un siècle, un chapitre ou un titre.

*Exemple :*

| | | |
|---|---|---|
| *Pour le coordinateur du Service* *administratif régional et par délégation :* *Le directeur des ressources humaines* Yves Aumieu | le xix$^e$ siècle chapitre viii titre iv | Louis XIV fascicule IV la V$^e$ République |

Pour obtenir des petites capitales dans le traitement de texte
« *Word* », sélectionner le texte à mettre en petites capitales, et
appuyer simultanément sur shift + ctrl + K. La capitale initiale
subsistera.

Se traitent en capitales, toujours selon l'Imprimerie nationale, les
**majuscules de position** : celles qui commencent un texte, un
paragraphe, une phrase, un vers ou un nom propre. Lorsque le
nom propre est précédé d'un article défini celui-ci prend également la majuscule : Le Havre ; Le Pontet ; La Fayette ; La
Fontaine... En revanche, la particule nobiliaire (de, du, des, d')
s'écrit entièrement en minuscule : monsieur de La Fayette ; le
baron des Adrets.

**▣ À savoir** ——————————————————

Dans une dénomination*, seul le nom propre prend une
majuscule.

Dans un groupe de mots, seul le nom propre prend une majuscule : le conseil général du Tarn ; le conseil municipal d'Argenteuil ; la Compagnie des eaux ; l'association des Amis de la nature ; la bibliothèque Méjane ; le collège Voltaire ; le service Courrier (ou le service du courrier) ; monsieur Martin ; le colonel Sponz ; le préfet du Gard ; le ministre de la Défense[1]…

Les noms d'habitants (de pays, de province…) prennent une majuscule, mais ce même mot perd sa majuscule lorsqu'il désigne la langue du pays ou s'il devient adjectif : les Français sont français et parlent français.

⭐ **Conseil** —————————————————————————

Dans un groupe de mots, distinguez bien ce qui est adjectif ou nom commun (générique) et nom propre (spécifique).

Mais des noms communs ou des adjectifs peuvent devenir les noms propres de personnes ou de lieux et prendre de ce fait une majuscule. On parle alors de **majuscule de signification** : la rue du Lavoir ; la mer Morte ; monsieur Noir ; le palais de la Découverte ; le royaume de Belgique ; l'état-major de la région Méditerranée ; la Révolution française ; le ministère de la Justice ; le Premier ministre ; l'inspection académique du Nord…

De plus, lorsque le nom propre du lieu est composé, ses différents éléments sont reliés par un trait d'union et prennent une majuscule quand ils ne sont pas des articles ou des prépositions : Mont-devant-Sassey ; Villeneuve-lès-Avignon ; rue Jacques-Cartier ; rue Près-le-Lavoir

📗 **À savoir** —————————————————————————

Seul le premier mot d'une dénomination prend une majuscule.

1. Le Journal officiel ne met pas de majuscule dans ce cas-là.

Une seule majuscule au premier mot d'une unité de sens est suffisante, même si cette dénomination forme un sigle[1] : Centrale générale des services publics (CGSP) ; Communauté économique européenne (CEE) ; Caisse nationale militaire de sécurité sociale (CNMSS) ; Société nationale des chemins de fer français (SNCF) ; Journal officiel (JO) ; Conseil supérieur de la magistrature (CSM). Mais elle n'est pas indispensable, d'ailleurs, le Journal officiel ne fait figurer cette majuscule que dans le cas de dénomination d'organismes suffisamment importants.

Le sigle est composé en capitales et, de nos jours, sans points de séparation : QCM ; HEC ; OMS ; SARL ; TVA. Ceux qui forment un mot prononçable (acronymes) s'écrivent en bas-de-casse avec une capitale initiale : Laser ; Zac ; Radar ; Éna ; Fnac ; Inserm ; Lolf ; Acmo ; Evat.

---

■ **À savoir** ─────────────────────────────────────

Un sigle ou un acronyme ne s'emploie
jamais sans qu'il ait été développé une première fois.

---

Le point d'interrogation ou le point d'exclamation ne marquent pas toujours la fin d'une phrase. Ils sont suivis d'une majuscule uniquement lorsqu'ils marquent la fin d'une phrase. De même après deux points il ne faut une majuscule que lorsqu'une nouvelle phrase commence (après « *Objet :* » par exemple).

Lorsqu'une énumération est repérée par un tiret (ou une puce) chaque élément de l'énumération commence par une minuscule et se termine par une virgule ou un point-virgule. Si les repères sont des numéros, ceux-ci sont suivis de phrases qui commencent par une majuscule et se terminent par un point.

---

1.  À moins qu'un des autres mots soit un nom propre ou considéré comme tel.

● **Remarque** ────────────────────────────────

> Les capitales d'imprimerie portent les signes diacritiques :
> accents, trémas, cédilles.

Les entités uniques au niveau national prennent une **majuscule de déférence** : la Bibliothèque nationale (en opposition à la bibliothèque municipale) ; l'Académie française (en opposition à l'académie de Meurthe-et-Moselle) ; le Gouvernement (mais le gouvernement des affaires locales) ; le Président de la République (mais le président du conseil d'administration) ; l'Administration (mais l'administration de la Justice) ; le Premier ministre.

▨ **À savoir** ────────────────────────────────

> Mettre une majuscule au titre de la personne à qui
> on s'adresse directement.

La majuscule de déférence s'emploie également dans les suscriptions, les formules d'appel et de courtoisie. En effet, ces formules ne nomment pas un tiers qui n'aura peut-être jamais le document entre les mains, mais interpellent directement le destinataire de la lettre. Cet emploi pourrait être qualifié de « *vocatif* ». À cette occasion, des mots qui, dans le corps du texte, s'écriraient en minuscules, prennent une majuscule initiale. C'est le cas des titres : Monsieur ; Madame ; Colonel ; Mon Général ; Madame la Directrice, Monsieur le Préfet ; Madame l'Inspectrice d'académie ; Monsieur le Président directeur général.

### Respectez l'orthographe des abréviations

Certes, une lettre offre très peu d'occasion d'abréger les mots : les noms et titres des interlocuteurs sont écrits en toutes lettres tout comme les noms de villes ou d'organismes. Les sigles sont toujours développés lors de leur premier emploi dans le texte. Néanmoins certaines indications de prix, d'horaires, de rang, de mesures... peuvent amener à utiliser des abréviations. Dans ces rares cas, pour ne pas provoquer la confusion, leur orthographe doit être respectée :

article = art. (ne s'abrège pas lorsqu'il s'agit de l'article premier d'un texte)
département = dép.
habitants = hab.
chef-lieu = ch.-l.
sans lieu ni date = s.l.n.d.
idem = id.
chapitre = chap.
madame = $M^{me}$
mademoiselle = $M^{lle}$
mesdames = $M^{mes}$
mesdemoiselles = $M^{lles}$
messieurs = MM
monsieur = M. (et non pas Mr.)
maître = $M^e$ ; maîtres $M^{es}$
kilomètre = km
mètre = m
centimètre = cm
millimètre = mm

premier = $1^{er}$ ; première = $1^{re}$
primo = $1°$ ; secundo = $2°$
second = $2^{nd}$ ; deuxième = $2^e$
numéro = $n°$ ; numéros = $n^{os}$
téléphone = Tél.
messagerie électronique = Mél.
par intérim = p.i.
par ordre = p.o.
pour cent = p. 100 ou %
pour mille = p. 1000 ou ‰
post-scriptum = P.-S.
taxe sur la valeur ajoutée = TVA
hors taxes = HT
toutes taxes comprises = TTC
points cardinaux = N S E O
heure = h
minute = min
seconde = s
page = p.

Une abréviation se forme soit en tronquant le mot (Tél.) ou en le réduisant à sa simple initiale (M.) et en faisant suivre ce tronçon ou cette initiale d'un point[1] ; soit en conservant l'initiale et les lettres finales du mot ($n°$). Celles-ci sont portées en exposant et ne sont pas suivies d'un point. Lorsqu'une abréviation est un mot tronqué, elle est invariable (Tél.) ; lorsqu'elle se termine par la

---

1. À noter que des mots comme kilo (pour kilogramme), photo (pour photographie), stylo (pour stylographe) ne sont plus considérés comme des abréviations. Ils ne sont pas suivis d'un point et prennent la marque du pluriel.

dernière lettre du mot, elle prend la marque du pluriel (n$^{os}$). Les initiales, en général, se doublent pour marquer le pluriel (MM.). Les abréviations des unités de mesures[1] ne sont pas suivies d'un point et ne prennent jamais la marque du pluriel. L'abréviation de « kilo » est « k » ; « K » est l'abréviation de kelvin.

Le symbole ne s'intercale pas entre les unités et les décimales. Par exemple, trois euros et trente-trois centimes s'écrit ainsi : 3,33 € et pas 3 € 33.

Enfin, « *etc.* » n'est jamais répété ni suivi de points de suspension, mais il n'a rien à faire dans une lettre administrative, qui doit être précise.

### Ponctuez pour aider à la compréhension

La ponctuation n'a pas une fonction décorative, pas plus qu'elle ne sert à respirer comme nous avions cru le comprendre pendant nos leçons de lecture. La ponctuation est une aide à la compréhension du texte, qu'il faut employer avec discernement dans le seul objectif d'être mieux compris. C'est un code qui n'est cependant pas une science exacte, attendez-vous donc à voir se poursuivre les querelles pour une virgule, entre échelons hiérarchiques.

---

1. Les abréviations d'unités de mesure sont normalisées sous la référence AFNOR : NF X 02-006.

| Le signe | Son nom | Sa fonction | Sa saisie |
|---|---|---|---|
| . | point | Marque la fin d'une phrase. | Suivi d'une majuscule ; pas d'espace avant, une espace après. |
| ... | 3 points de suspension | Marquent une suppression, une interruption ou un sous-entendu. Pour ces raisons ils n'ont rien à faire en rédaction administrative. | Suivis d'une majuscule ; pas d'espace avant, une espace après. |
| : | 2 points | Introduisent une explication, une citation, une énumération. | Suivis d'une minuscule sauf s'ils introduisent une citation ; une espace avant, une espace après. |
| ; | point-virgule | Sépare deux propositions d'une phrase le plus souvent en marquant un lien logique. | Suivi d'une minuscule ; une espace avant, une espace après. |
| ! | point d'exclamation | Termine une phrase exclamative. De la sorte, il n'a rien à faire en rédaction administrative. | N'est suivi d'une majuscule que lorsqu'il termine une phrase. Une espace avant, une espace après. |
| ? | point d'interrogation | Ne s'emploie qu'à l'issue d'une question directe. | |

| | | | |
|---|---|---|---|
| **,** | virgule | Sépare les éléments de la phrase qui sont énumérés ou qui ont une fonction différente. Dans ce dernier cas, contrairement aux idées reçues, elle peut précéder une conjonction. | Suivie d'une minuscule ; pas d'espace avant, une espace après |
| **« »** | guillemets (utilisez des guillemets français.) | Encadrent un mot, un groupe de mots ou une phrase, pour marquer leur emprunt à un autre auteur ou à un niveau de langage différent. | Espace à l'extérieur, espace à l'intérieur. Il n'y a qu'un signe de ponctuation avant ou après le guillemet. |
| **( )** | parenthèses | Isolent une information annexe contenue dans la phrase. | Espace avant la parenthèse ouvrante, pas d'espace après ; pas d'espace avant la parenthèse fermante, une espace après. La ponctuation est après la parenthèse fermante. |
| **—** | tirets | Mettent en valeur une information supplémentaire. | Une espace avant, une espace après sauf entre une virgule. Le tiret fermant n'est pas nécessaire à la fin de la phrase. |
| **./.** | signe d'interruption | En bas à droite du recto, marque l'interruption du texte et en haut à gauche du verso, marque sa reprise. | |

# Exercices

## Exercice n° 1

Vous êtes Élie Coptaire, secrétaire du proviseur du Lycée Jean-Laouénan à Brest.

Le 30 juin 2005, le lycée sera centenaire. Pour célébrer cet anniversaire, le proviseur décide de poser une plaque commémorative dans le hall d'entrée, en présence du maire, de madame Cornec (petite-fille de l'éponyme), de tous les élèves, parents d'élèves et fournisseurs de l'établissement auxquels il compte, bien entendu, offrir un vin d'honneur et faire visiter les locaux. Il pense que c'est une bonne occasion pour créer ou resserrer des liens entre les personnes concernées par la vie du lycée. La manifestation aura lieu le jour même de l'anniversaire, à 16 heures précises, et le vin d'honneur sera servi au réfectoire.

Ayant lui-même obtenu l'accord du maire et de madame Cornec, il vous charge de rédiger la lettre d'invitation qui sera diffusée en publipostage. Il vous conseille, afin de mieux gérer la logistique, de faire accompagner cette lettre d'un coupon-réponse.

## Exercice n° 2

Vous êtes Aimé Naime, adjoint administratif affecté au bureau du personnel de la cour d'appel de Montpellier. Vos supérieurs hiérarchiques sont conjointement : le premier président de la cour d'appel de Montpellier et le procureur général auprès ladite cour.

M. Adhémar Patamobe, agent de service titulaire à la cour d'appel de Montpellier, a été détaché, par arrêté en date du 20 mars 2004, auprès du ministère de l'Intérieur, pour une période d'un an, à compter du 1er avril 2004, pour lui permettre d'accomplir un stage dans le corps des gardiens de la paix.

*Les premiers grades de la police nationale sont : gardien de la paix stagiaire puis gardien de la paix. La police nationale est placée sous l'autorité du directeur général de la police nationale (DGPN) et sous la tutelle du ministre de l'intérieur. Son adresse :* Direction générale de la Police nationale — Place Beauvau — 75008 PARIS

Le détachement de l'intéressé expirant le 1er avril 2005, vous êtes chargé de demander au ministère de l'Intérieur si M. Patamobe a été titularisé à l'issue de son stage, afin de régulariser sa situation administrative dans son corps d'origine.

## Exercice n° 3

Le 22 novembre 2004, mademoiselle Cécile Vaisteur-Stalaune (20, rue Johnny-Hallyday — 13830 Roquefort-la-Bédoule), a adressé une demande d'embauchage au général de corps d'armée commandant la Région terre Sud-Est — 69998 Lyon-armées. Elle précise qu'elle est titulaire du bac G2.

Vous êtes Adèle Scott, affectée à la section concours du bureau régional du personnel civil, vous devez rédiger la lettre adressée par le commandant de région à mademoiselle Vaisteur-Stalaune en lui précisant :

- que le fait de posséder le baccalauréat lui permet de passer le concours de secrétaire administratif des services extérieurs ;

- que les arrêtés fixant la date des concours et le nombre de postes à pourvoir ne sont pas encore publiés ;

- qu'un dossier d'inscription au concours lui sera automatiquement adressé dès la publication des arrêtés ;

- que le concours doit avoir lieu au cours du deuxième semestre de 2005.

## Exercice n° 4

Vous êtes Jean Sive, adjoint administratif au service gestionnaire des « *ingénieurs d'études et de fabrications* » (IEF) du ministère de la Défense. Vous dépendez de la direction de la fonction militaire et du personnel civil, sous-direction de la gestion du personnel civil (DFP/GPC) — 14, rue Saint-Dominique — 00450 Armées.

Deux concours — un interne et un externe — ont été organisés les 22 et 23 mai 2004 pour le recrutement d'IEF du ministère de la Défense.

À la suite de ces concours, la liste d'aptitude et la liste d'aptitude complémentaire, par spécialité et par ordre de mérite des candidats aptes à l'emploi d'IEF, ont été adressées au service auquel vous appartenez. Ce service doit maintenant transmettre à chacun des candidats reçus figurant sur la liste principale, les fiches de poste correspondant à sa spécialité.

Votre responsable hiérarchique vous demande de rédiger la lettre type qui accompagnera ces fiches en donnant les informations suivantes :

- si un même poste a été choisi par plusieurs candidats reçus, le rang de classement sur la liste d'aptitude sera respecté ;

- une réunion se tiendra le 10 décembre 2004 à 8 heures au centre de formation d'Arcueil. Au cours de cette réunion, chaque candidat reçu fera connaître son choix ;

- la présence à cette réunion est obligatoire, et en cas d'empêchement l'administration devra en être informée le plus rapidement possible ;

- en cas de désistement, il conviendra d'en informer l'administration dans les plus brefs délais.

## Exercice n° 5

Vous êtes Aline Aigécrillet. Vous travaillez au service du personnel, du musée national d'art mérovingien de Triffouillis-les-Oies. Cet établissement du ministère de la Culture, installé dans les murs du château Annespagne emploie 166 personnes dont 124 ouvriers chargés du transport, du stockage, de la restauration des collections et de l'entretien du parc. Il est présidé par Rachid Huilda, éminent historien.

Par lettre datée du 5 mars 2005, le directeur de l'Administration générale et de l'environnement culturel demande au président de lui faire connaître un certain nombre d'informations sur les accidents du travail survenus dans son établissement en 2004.

À la demande de votre chef de service, vous préparez une lettre de réponse à l'aide des éléments suivants :

- il y a eu 15 accidents du travail, dont 4 de trajet et 11 dans l'établissement ;

- parmi ceux dont a été victime le personnel de l'établissement public, un seul a conduit à une hospitalisation, les autres étant traités par l'infirmière ;

■ les accidents sont arrivés, dans 80 % des cas, en atelier et concernent des ouvriers ; le comité d'hygiène et sécurité (CHS) s'est réuni 2 fois en séance normale et a été réuni autant que de besoin à la suite des différents accidents.

■ le médecin du travail a organisé 4 séances de médecine du travail ;

■ l'établissement a perdu 86 jours de travail du fait des accidents.

Vous annoncez que vous joignez les comptes rendus des séances du comité d'hygiène et sécurité.

## Exercice n° 6

Vous êtes adjoint administratif au bureau des pensions de la sous-direction du développement professionnel et des relations sociales de la direction générale de l'Administration du ministère de l'Agriculture.

Vous devez répondre à monsieur Parfait Ofrèze qui signale par lettre datée du 18 janvier 2005, le décès de sa femme Charlotte, fonctionnaire en activité dans ce même ministère, sans interruption depuis le 15 septembre 1977. Il déclare être âgé de 52 ans ; être marié depuis le 3 août 1984 et avoir un fils né de cette union le 19 juillet 1989, élève d'un lycée sport et études. Il demande une pension d'ayant cause. Vous devez l'informer des grandes lignes de son droit et lui envoyer un dossier de pension qu'il devra vous renvoyer complété et accompagné des justificatifs requis.

## FICHE
## LA PENSION DE REVERSION

Lors du décès d'un fonctionnaire en activité ou retraité, ses ayants cause (conjoint survivant, ex-conjoint divorcé et/ou enfants) peuvent prétendre, sous certaines conditions, à une pension.

### La pension de réversion
### du conjoint survivant d'un fonctionnaire

Les droits du conjoint survivant:

Le droit à pension est reconnu si le fonctionnaire décédé a accompli au moins 2 ans de service comptant pour la retraite, entre la date de son mariage et la date de son départ à la retraite ; ou si le mariage a duré au moins 4 ans, quelle que soit la date de célébration.

Si le fonctionnaire a été rayé des cadres pour invalidité, il suffit que le mariage soit antérieur à l'événement qui a provoqué la mise à la retraite ou le décès du fonctionnaire.

Aucune condition de durée de mariage n'est exigée si un ou plusieurs enfants sont issus du mariage.

La veuve, le veuf ou l'ex-conjoint qui se remarie ou qui vit maritalement après le décès du fonctionnaire perd ses droits à pension, jusqu'à ce que la nouvelle union soit dissoute ou que le concubinage notoire cesse.

Le conjoint divorcé qui s'est remarié, avant le décès du fonctionnaire, peut faire valoir ses droits à pension de réversion à la cessation de sa nouvelle union et s'il n'existe pas d'autres ayants cause et s'il ne bénéficie pas d'une autre pension de réversion.

Lorsqu'au décès du fonctionnaire il existe un conjoint survivant et un ou plusieurs conjoints divorcés, ayant un droit à pension, cette dernière est partagée entre eux, **au prorata de la durée respective de chaque mariage**.

En cas de décès de l'un des bénéficiaires, sa part passe le cas échéant aux orphelins de moins de 21 ans, légitimes ou naturels, issus de son union avec le fonctionnaire ou le titulaire de la pension, ou adoptés au cours de cette union.

La pension :

Les veuves ou veufs peuvent prétendre, sans condition d'âge ni de ressources, à une pension égale à 50 % de celle obtenue par le fonctionnaire décédé ou qu'il aurait pu obtenir au jour de son décès, augmentée, le cas échéant, de la moitié de la majoration pour enfants, à condition que le conjoint survivant ait effectivement élevé les enfants pendant 9 ans, soit avant

© Éditions d'Organisation

leur 16^e anniversaire, soit avant l'âge où ils ont cessé d'être
à charge au sens du code de la sécurité sociale ; et de la
moitié de la rente viagère d'invalidité dont il bénéficiait ou
dont il aurait pu bénéficier.

**Le versement de la pension est immédiat.** La date d'effet est
fixée au lendemain du décès, si le fonctionnaire est décédé
dans une position où il ne percevait aucun traitement de l'État
(disponibilité, titulaire d'une pension à jouissance
différée...). Sinon elle est fixée au premier jour du mois
suivant le décès, en cas de perception d'un traitement payé par
l'État.

### La pension temporaire d'orphelin

Les droits de l'orphelin :

Peuvent prétendre à une pension temporaire d'orphelin, les
enfants âgés **de moins de 21 ans** qu'ils soient légitimes,
naturels ou adoptifs.

La pension d'orphelin est servie, sans condition d'âge, pour
l'enfant handicapé âgé de plus de 21 ans, qui, au jour du décès
de son père ou de sa mère fonctionnaire, se trouvait à la
charge effective de ce dernier. Si l'infirmité survient après
le décès du père ou de la mère mais avant l'âge de 21 ans, la
pension d'orphelin est maintenue au-delà de cet âge.

La pension :

Chaque orphelin a droit à une pension égale à 10 % de la
pension obtenue par leur père ou/et leur mère, augmentée, le
cas échéant, de 10 % de la rente viagère d'invalidité.

La pension temporaire d'orphelin n'est pas cumulable avec les
prestations familiales qui sont versées en priorité. Toutefois,
si celle-ci est supérieure aux prestations familiales, elle
sera versée dans la limite de ce dépassement.

En cas de décès du conjoint survivant, les enfants de moins de
21 ans ou infirmes se partagent le bénéfice de la pension de
réversion de 50 %, chacun d'eux conservant par ailleurs le
bénéfice de la pension temporaire d'orphelin de 10 %.

Le total des pensions allouées au conjoint survivant et aux
orphelins ne peut pas dépasser le montant de la pension du
fonctionnaire décédé (en cas d'excédent, il y aura réduction
des pensions des orphelins).

Si le père et la mère, tous deux fonctionnaires, sont décédés,
l'orphelin peut cumuler les deux pensions de réversion et les
pensions temporaires d'orphelin qui s'y rapportent.

## Exercice n° 7

Nous sommes le 23 octobre 1997. Monsieur Geoffrey Ben-Lassiest, ouvrier mécanicien groupe V, âgé de 55 ans, est en fonction à la direction des constructions navales (DCN) depuis le 1ᵉʳ octobre 1983, date de son embauchage au ministère de la Défense.

Cet établissement doit être restructuré avant la fin de l'année. Monsieur Ben-Lassiest doit, de ce fait, être affecté dans un autre établissement. Il a, cependant, appris qu'il pouvait bénéficier d'une cessation progressive d'activité voire d'une retraite anticipée. Il a donc adressé, le 2 septembre 1997, la demande ci-jointe, au directeur de la fonction militaire et du personnel civil.

Vous êtes Marc Hassain, adjoint administratif, et votre supérieur hiérarchique, le chef du bureau des restructurations, qui est chargé de ces questions, vous demande de préparer un projet de réponse à cet agent.

### Fiche

**MESURE EN FAVEUR DU PERSONNEL OUVRIER TOUCHÉ PAR LES RESTRUCTURATIONS**

Les ouvriers en fonction dans les établissements restructurés peuvent bénéficier de certaines mesures de cessation anticipée d'activité ou de cessation progressive d'activité.

Décret n° 96-394 du 7 mai 1997 : cessation anticipée d'activité

Jusqu'au 31 décembre 1998, les ouvriers de l'État employés dans des établissements restructurés relevant du ministère de la Défense peuvent bénéficier de la jouissance immédiate de leur pension s'ils sont âgés de 55 ans au moins et s'ils réunissent 15 ans de service à la date de leur départ en retraite.

Décret n° 95-933 du 17 août 1995 : cessation progressive d'activité

Les ouvriers de l'État qui ne réunissent pas les conditions requises pour obtenir une pension à jouissance immédiate peuvent bénéficier d'un travail à mi-temps jusqu'à leur retraite s'ils sont âgés de 55 ans au moins et s'ils ont accompli 25 ans de service en qualité d'ouvrier.

Paris, le 2 septembre 1997

Geoffrey Ben-Lassiest
Ouvrier groupe V
Direction des constructions nava-
les
B. P. n° 00
83800 Toulon Naval

à

Monsieur le Directeur de la
fonction militaire et du personnel
civil
14 rue Saint Dominique
00450 ARMÉES

(voie hiérarchique)

Monsieur le Directeur,

Étant en poste dans un établissement restructuré, j'ai l'honneur de solliciter de votre bienveillance, l'octroi de ma retraite anticipée à compter du 15 décembre 1997. Dans le cas où cela ne serait pas possible, je demande à bénéficier d'une cessation progressive d'activité à compter de cette même date.

En vous remerciant d'avoir prêté attention à ma lettre, je vous prie d'agréer, Monsieur le Directeur, l'expression de mes sentiments les plus respectueux.

Geoffrey Ben-Lassiest

## Exercice n° 8

Le maire de Kouent-Kozh a écrit au ministre de la Culture au sujet du colloque qu'il organise. Vous trouverez ci-joint le texte de cette lettre.

Vous êtes Elvire Auvert, adjoint administratif au cabinet du ministre. Vous préparerez un projet de réponse au maire de Kouent-Kozh, en tenant compte de tous les éléments indiqués ci-dessous.

**Éléments de réponse :**

1. Le ministre ne pourra ouvrir les travaux du fait de son emploi du temps très chargé.
2. Le ministre a demandé au directeur régional des Affaires culturelles de Bretagne de le représenter au colloque.
3. Pour une éventuelle publication, le maire pourra envoyer à ce fonctionnaire un dossier de demande de subvention.
4. Il est également suggéré au maire de rechercher l'aide du mécénat pour cette publication.
5. Vous rédigerez ce projet sur un ton aimable et pourrez mentionner brièvement l'intérêt que le ministre porte au succès de cette manifestation.

| | |
|---|---|
| **Le maire de Kouent-Kozh** | Kouent-Kozh, le 11 septembre 2005 |

Monsieur le Ministre de la culture
3, avenue de Valois
75001 PARIS

Monsieur le Ministre,
Notre commune célébrera l'année prochaine le millénaire de la fondation de sa célèbre abbaye par le duc de Bretagne Geoffroi I$^{er}$, fils de Conan le Tort.

Nous organisons à cette occasion, avec le concours de l'université de Rennes, un très important colloque international sur le thème : « *Les abbayes celtiques et la culture de l'occident médiéval* », auquel participeront les plus grands spécialistes de cette période.

Je serais très heureux que vous acceptiez de venir ouvrir vous-même les travaux de ce colloque, le 17 février 2006.

Je souhaiterais également savoir si votre ministère pourrait ultérieurement prendre en charge les frais de publication des actes du colloque dont le financement n'est pas encore assuré à l'heure actuelle.

*Dans l'attente de votre réponse, que j'espère positive sur ces deux points, je vous prie de croire, Monsieur le Ministre, à l'assurance de ma haute considération.*

*Signature*

## Exercice n° 9

Vous êtes Sophie Fonfec, adjointe au service administratif de la Météorologie nationale qui est chargé de régler les indemnités pour dommages consécutifs à l'activité de la météorologie, dans la limite d'un montant de 1 500 €. Mais, pour qu'une indemnité soit consentie, la preuve de la causalité directe doit être établie.

Au début du mois de septembre 2005, la direction de la Météorologie nationale (DMN) est saisie d'un dossier présenté par la Caisse régionale d'assurances mutuelles agricoles (CRAMA — 3, rue Paul-Bert — 52001 Chaumont), qui demande le versement d'une somme de 1 115 € correspondant au dommage causé par l'explosion d'un ballon-sonde lancé par une station météorologique et provoquant ainsi la mort d'un bovin.

Monsieur Octave Hachébel, agriculteur à Briey, a fait parvenir à cette société d'assurances, à laquelle il est affilié, une déclaration d'accident.

L'enquête établie par la brigade de gendarmerie locale précise que les débris d'un ballon-sonde, lancé par la Météorologie nationale le 15 mai 2005 à partir de la base d'Essey-lez-Nancy, ont été récupérés près de l'animal mort.

Le rapport de gendarmerie ne mentionne, par ailleurs, aucune manifestation visuelle au auditive, perçue par des témoins, qui pourrait être due à une explosion.

Monsieur Hachébel pense, ainsi que le docteur vétérinaire de Briey, qui a établi le rapport d'expertise, que la mort de l'animal doit être attribuée à l'explosion du ballon au contact du mufle du bovin, provoquant ainsi un arrêt cardiaque et une mort instantanée.

Le Service des équipements et des techniques instrumentales (SETI) de la Météorologie nationale, dans son rapport technique, affirme qu'un ballon-sonde ne peut exploser qu'à la condition que l'hydrogène contenu dans l'enveloppe soit mis en présence d'une flamme ou d'une étincelle.

En outre il précise que les ballons-sondes atteignent généralement l'altitude de 27 000 mètres, puis éclatent par dilatation du gaz avant de retomber en plusieurs morceaux fragmentés.

Ce service conclut qu'une explosion au sol dans les conditions évoquées est impossible.

Vous devez présenter, à votre chef de service, un projet de réponse à la compagnie d'assurances, en indiquant que la Météorologie nationale ne peut être impliquée dans cet accident et que de simples présomptions sont insuffisantes pour donner suite à la demande de dédommagement.

## Exercice n° 10

Vous êtes Nicole Leu-Phâ-Dah, adjointe administrative au tribunal de grande instance (TGI) de Mélérasil. Vous êtes mariée, vous avez 3 enfants dont un en bas âge.

Votre greffier en chef, chef du service Y, est monsieur Alonzo Balmasquez et votre responsable directe est madame Amanda Peillet.

L'état de vos congés est le suivant :

■ Reliquat 2004 : 15 jours

■ Congés 2005 : 20 jours

■ RTT : 15 jours

Originaire du Vietnam, vous souhaiteriez vous y rendre cet été, du 26 juin au 14 août.

Vous vous êtes entendue avec votre hiérarchie directe. Il vous reste à rédiger votre demande officielle aux chefs de juridiction

© Éditions d'Organisation

(le président du TGI et le procureur de la République près ledit tribunal) en l'appuyant sur le décret réglementant les congés annuels des fonctionnaires.

---

**DÉCRET N° 84-972 DU 26 OCTOBRE 1984 RELATIF AUX CONGÉS ANNUELS DES FONCTIONNAIRES DE L'ÉTAT.**

Le Premier ministre,

Sur le rapport du ministre de l'économie, des finances et du budget et du secrétaire d'État auprès du Premier ministre, chargé de la fonction publique et des simplifications administratives,

Vu la loi n° 84-16 du 11 janvier 1984 portant dispositions statutaires relatives à la fonction publique de l'État, notamment son article 34 ;

Vu le décret n° 78-399 du 20 mars 1978 relatif, pour les départements d'outre-mer, à la prise en charge des frais de voyage de congés bonifiés accordés aux magistrats et fonctionnaires civils de l'État ;

Vu l'avis émis par le Conseil supérieur de la fonction publique de l'État en date du 10 mai 1984 ;

Le Conseil d'État (section des finances) entendu,

Décrète :

**Article 1er :** Tout fonctionnaire de l'État en activité a droit, dans les conditions et sous les réserves précisées aux articles ci-après, pour une année de service accompli du 1er janvier au 31 décembre, à un congé annuel d'une durée égale à cinq fois ses obligations hebdomadaires de service. Cette durée est appréciée en nombre de jours effectivement ouvrés.

Un jour de congé supplémentaire est attribué à l'agent dont le nombre de jours de congé pris en dehors de la période du 1er mai au 31 octobre est de cinq, six ou sept jours ; il est attribué un deuxième jour de congé supplémentaire lorsque ce nombre est au moins égal à huit jours.

Les congés prévus à l'article 34 et à l'article 53, 3e alinéa, de la loi du 11 janvier 1984 susvisée sont considérés, pour l'application de ces dispositions, comme service accompli.

.../...

**Article 2 :** Les fonctionnaires qui n'exercent pas leurs fonctions pendant la totalité de la période de référence ont droit à un congé annuel dont la durée est calculée au prorata de la durée des services accomplis.

Par dérogation à l'alinéa précédent, les fonctionnaires âgés de moins de vingt et un ans au premier jour de la période de référence et qui n'ont pas exercé leurs fonctions sur la totalité de cette période peuvent prétendre à la durée totale du congé annuel. Dans ce cas, ils ne perçoivent aucun traitement pendant la période qui excède la durée du congé dû au titre des services accomplis.

**Article 3 :** Le calendrier des congés définis aux articles 1er et 2 est fixé par le chef du service, après consultation des fonctionnaires intéressés, compte tenu des fractionnements et échelonnements de congés que l'intérêt du service peut rendre nécessaires.

Les fonctionnaires chargés de famille bénéficient d'une priorité pour le choix des périodes de congés annuels.

**Article 4 :** L'absence du service ne peut excéder trente et un jours consécutifs. Toutefois, cette disposition ne s'applique pas aux fonctionnaires bénéficiant d'un congé bonifié en application du décret du 20 mars 1978 susvisé ou aux fonctionnaires et agents de l'État autorisés exceptionnellement à cumuler leurs congés annuels pour se rendre dans leur pays d'origine.

**Article 5 :** Le congé dû pour une année de service accompli ne peut se reporter sur l'année suivante, sauf autorisation exceptionnelle donnée par le chef de service.

Un congé non pris ne donne lieu à aucune indemnité compensatrice.

**Article 6 :** Les articles 1er et 2 du décret n° 59-310 du 14 février 1959 relatif aux conditions d'aptitude physique pour l'admission aux emplois publics, à l'organisation des comités médicaux et au régime des congés des fonctionnaires sont abrogés.

**Article 7 :** Le ministre de l'Economie, des Finances et du Budget, le secrétaire d'État auprès du Premier ministre, chargé de la fonction publique et des simplifications administratives, et le secrétaire d'État auprès du ministre de l'Economie, des Finances et du Budget, chargé du budget, sont chargés, chacun en ce qui le concerne, de l'exécution du présent décret, qui sera publié au Journal officiel de la République française.

Par le Premier ministre : Laurent Fabius

## *Exercice n° 11*

Vous êtes Mylène Micotton, adjointe administrative en poste au bureau des recrutements et des concours de la direction du personnel du ministère YY. Votre chef de bureau vous demande d'établir, à l'aide des éléments ci-dessous, le projet de réponse à la lettre ci-jointe, qui sera soumis à la signature du ministre.

### Élements de réponse

1. Démission de madame Ariane Assiray présentée en des termes manifestant clairement sa volonté, par lettre en date du 9 juin 1997, reçue le 10 juin suivant.

2. Décret n° 85-986 du 16 septembre 1986, relatif au régime particulier de certaines positions des fonctionnaires de l'État et à certaines modalités de cessation définitive de fonction :

> Article 58 : La démission ne peut résulter que d'une demande écrite de l'intéressé marquant sa volonté expresse de quitter son administration ou son service. Elle n'a d'effet qu'autant qu'elle est acceptée par l'autorité investie du pouvoir de nomination et prend effet à la date fixée par cette autorité […]

> Article 59 : L'acceptation de la démission la rend irrévocable […]

3. Aucune demande présentée par madame Assiray pour une mise en disponibilité lui permettant d'élever ses enfants ; l'intéressée aurait pu être réintégrée à l'issue de cette période.

4. Démission de madame Assiray acceptée par décision ministérielle en date du 15 juin 1997, avec effet du 30 juin suivant, notifiée à l'intéressée le 18 juin 1997.

5. Nomination de madame Assiray en tant qu'adjoint administratif seulement possible en cas de réussite au concours externe organisé en 2006 ; renseignements utiles à l'adresse suivante :

Ministère de YY

Direction du personnel

Bureau des recrutements et des concours

1, rue du Ministère

75001 PARIS

6. Actuellement pas de recrutement d'agent contractuel dans les services du ministère.

Ariane Assiray
9, rue du Commerce
94170 Nogent-sur-Marne

Nogent, le 1er juin 2005

Monsieur le Ministre de YY
(adresse)

Monsieur le Ministre,

J'ai l'honneur de solliciter de votre haute bienveillance ma réintégration dans le corps des adjoints administratifs au ministère YY où j'ai exercé mes fonctions durant plus de trois ans, du 1er mars 1994 au 30 juin 1997.

Ma collaboration a toujours été hautement appréciée dans vos services et aucune absence injustifiée n'a pu m'être reprochée.

J'ai malheureusement été contrainte d'interrompre mon activité professionnelle à la suite de la naissance de mon troisième enfant, le 11 février 1997 et prête désormais mon concours à mon époux, dans le commerce de fruits et légumes qu'il exploite rue Mouffetard à Paris.

Eu égard à la qualité de mes services passés, ainsi qu'à l'importance des charges familiales auxquelles je dois faire face, j'ose espérer que vous envisagerez favorablement la réintégration, que je suis sans doute en droit d'exiger, dans vos services.

Je vous prie de croire, Monsieur le Ministre, à l'assurance de ma haute considération.

A. Assiray

## Exercice n° 12

Le président d'une chambre de commerce et d'industrie gérant un aérodrome civil de métropole souhaiterait avoir des informations sur les commissions consultatives économiques et, plus particulièrement, sur le mode de création, la composition et le fonctionnement de ces commissions.

Le chef de service des bases aériennes répond en s'appuyant sur les éléments suivants :

■ les commissions consultatives économiques pour la métropole ont été instituées par un décret n° 60-652 du 28 juin 1960, modifié par les décrets n° 73-287 du 13 mars 1973 et n° 81-301 du 1er avril 1981 ;

■ pour les aérodromes civils, les commissions consultatives économiques sont créées par arrêté du préfet de la région concernée sur proposition du directeur régional de l'Aviation civile :

• le préfet de région nomme par arrêté, les membres pour trois ans ;

• les membres sont proposés par les organismes qu'ils représentent ;

• les commissions consultatives économiques peuvent comprendre de 5 à 13 membres ;

• parmi ces membres, on trouve des représentants des usagers et des représentants du gestionnaire, en nombre égal, et un président choisi en fonction de sa compétence après avis de l'ensemble des membres de la commission ;

• les représentants de l'administration chargés de l'aérodrome assistent aux réunions avec voix consultative lorsqu'un point à l'ordre du jour les concerne ;

• les commissions consultatives se réunissent :

  ■ soit à l'initiative de leur président ;

  ■ soit sur demande du directeur régional de l'Aviation civile ;

  ■ soit sur demande du tiers de leurs membres.

• les décisions sont prises à la majorité des membres présents.
La voix du président est prépondérante ;

• les commissions consultatives économiques peuvent être consultées sur toutes les affaires intéressant l'exploitation commerciale de l'aérodrome ;

• elles sont obligatoirement consultées :

  ■ sur les modalités particulières d'application à l'aérodrome des redevances réglementées par arrêté interministériel conformément aux dispositions de l'article R 224-2 du code de l'Aviation civile ;

  ■ sur les conditions générales d'établissement et de perception et sur les barèmes généraux des tarifs des redevances non soumises à la réglementation par arrêté interministériel ;

  ■ sur les programmes des travaux d'équipement de l'aérodrome.

Vous êtes chargé de rédiger la réponse au président de la chambre de commerce et d'industrie.

## *Exercice n° 13*

Vous êtes Alain Ternette adjoint administratif au tribunal de grande instance de Toulouse.

Vous êtes entré dans les services judiciaires le 11 avril 1992 en qualité d'adjoint administratif et affecté au tribunal d'instance de Carpentras.

Vous avez exercé au sein de cette juridiction, les fonctions de régisseur titulaire. À ce titre, vous avez participé à l'informatisation de votre service.

Le 1$^{er}$ septembre 1995 vous êtes muté, sur votre demande, au tribunal de grande instance de Toulouse. Dans cette juridiction, où vous travaillez du lundi au jeudi, vous avez occupé différents postes :

- du 1$^{er}$ septembre 1995 au 1er octobre 1996 : service de la gestion budgétaire ;

- du 2 octobre 1996 au 21 juin 1998 : correspondant local informatique ;

- à compter du 21 juin 1998 : secrétariat du chef de greffe.

Votre situation familiale est la suivante :

- vous êtes marié depuis le 1er juillet 1997 ;

- votre conjoint est en poste au tribunal de grande instance d'Agen.

À la suite de la publication des postes vacants en vue de la tenue de la prochaine commission administrative paritaire, vous demandez votre mutation sur un poste à profil (ci-après). Vos chefs de juridiction, madame Durand et madame Dubois ainsi que votre chef de greffe mademoiselle Dupuy ne sont pas hostiles à votre demande.

Nous sommes le 15 mai 2005 et vous rédigez votre demande de mutation en exposant vos motivations relatives au poste sollicité et à votre situation familiale.

**Profil de poste d'adjoint administratif
au service régional de la cour d'appel d'Agen**

**Description du poste :**

Membre du service administratif régional, l'adjoint administratif a pour mission d'assister le responsable de la gestion budgétaire dans le cadre de la déconcentration des crédits de l'État, notamment pour :

- centralisation et synthèse de demandes budgétaires des juridictions du ressort ;
- suivi trimestriel des frais de justice, élaboration des tableaux de bord ;
- suivi de la consommation des crédits ;
- contrôle de la gestion budgétaire du ressort ;
- collaboration au nouveau schéma d'organisation de la dépense lié à l'installation du logiciel Gibus ;
- préparation des achats publics et des marchés publics.

**Qualités requises :**

- capacité d'analyse et de synthèse ;
- adaptabilité à différents rythmes de travail ;
- aptitude au travail d'équipe ;
- connaissance de l'utilisation des logiciels bureautiques Word Perfect et Excel ;

- dynamisme, sens du service public ;
- très grande disponibilité ;
- prédisposition pour les chiffres ;
- sens des relations humaines.

Le poste est à pourvoir début septembre 2005.

Les demandes devront impérativement être transmises à messieurs les chefs de cour avant le 1$^{er}$ juin 2005, sous couvert de la hiérarchie.

## Exercice n° 14

Vous êtes Raoul Jeunesse adjoint administratif à la division de la vie scolaire du rectorat de Nouert. Votre chef de division vous demande de préparer une réponse qui sera signée par le recteur.

**Lycée Joey-Starr**           Veuxer, le…
(adresse)
**Veuxer**

Le Proviseur
à
Monsieur le Recteur
Rectorat de Nouert
(adresse)

Sous couvert de Monsieur
l'Inspecteur d'académie
directeur des services départementaux
de l'Éducation nationale de l'Eure

Objet : Déplacement des élèves à l'extérieur de l'établissement

Lors du conseil d'administration du 15 novembre 2004, les représentants des parents d'élèves m'ont interrogé sur les mesures d'encadrement prévues à l'occasion des déplacements d'élèves vers les sites sportifs situés à l'extérieur de l'établissement.

J'ai l'honneur de vous demander de bien vouloir me préciser la réglementation relative aux déplacements des élèves à l'extérieur du lycée dans le cadre des activités organisées par l'établissement pendant la durée du temps scolaire.

*Signature*

Signature

---

### Circulaire n° 96-248 du 25 octobre 1996
*(Éducation nationale, Enseignement supérieur et Recherche : bureau DLC D2, Affaires juridiques)*

*Texte adressé aux recteurs d'académie, aux inspecteurs d'académie, directeurs des services départementaux de l'Éducation nationale et aux chefs d'établissement.*

### SURVEILLANCE DES ÉLÈVES

NOR : MENL9603026C

*Références : loi du 28 mars 1882 mod. ; loi du 5 avril 1937 ; loi no 83-634 du 13 juillet 1983 ; décret no 85-924 du 30 août 1985 mod. ; circulaire no 74-325 du 13 septembre 1974.*

L'institution scolaire assume la responsabilité des élèves qui lui sont confiés. Elle doit veiller à ce que ces derniers ne soient pas exposés à subir des dommages, et n'en causent pas à autrui, qu'il s'agisse d'autres usagers ou de tiers au service.

Cette responsabilité est susceptible d'être engagée tant que l'élève doit être regardé comme placé sous la garde de l'établissement. L'obligation de surveillance qui en résulte ne se limite donc pas nécessairement à l'enceinte scolaire. Elle vaut pour l'ensemble des activités prises en charge par l'établissement, qu'elles soient obligatoires ou facultatives, et en quelque lieu qu'elles se déroulent.

Si elle est générale dans son principe, elle peut être plus ou moins contraignante selon les cas et varier notamment en fonction de l'âge des élèves, selon qu'ils sont en collège ou en lycée. L'établissement scolaire, de par sa mission de formation et d'éducation, contribue à l'apprentissage de la responsabilité par les élèves. Les modalités de surveillance des élèves doivent tendre à la mise en place de conditions de vie collective satisfaisantes. Elles participent au projet global de formation de l'établissement.

Il importe que les modalités de la surveillance se traduisent sous la forme de règles simples et précises, dont la justification puisse être facilement perçue par les intéressés, et qui prennent en compte l'objectif que les élèves assurent eux-mêmes, progressivement, la prise en charge de certaines de leurs activités, ainsi qu'il est prévu à l'article 3 du décret du 30 août 1985 relatif aux établissements publics locaux d'enseignement.

Ces règles seront retracées de manière claire et exhaustive par le règlement intérieur de l'établissement. Il est souhaitable que les responsables légaux de l'élève, ou l'élève lui-même s'il est majeur, attestent par leur signature en avoir pris connaissance, sans que cette formalité puisse être considérée comme obligatoire.

.../...

La responsabilité des mesures générales d'aménagement de l'établissement et d'organisation de la vie scolaire incombe au chef d'établissement et au conseil d'administration.

En tant qu'elle concerne l'organisation de l'établissement, au sens de l'article 16 du décret du 30 août 1985, et trouve sa place dans le règlement intérieur, elle entre dans le cadre de l'autonomie reconnue aux EPLE et relève de la compétence du conseil d'administration.

Le chef d'établissement en est également responsable, au titre des pouvoirs qui lui sont reconnus pour assurer le bon ordre, la sécurité des biens et des personnes et l'application du règlement intérieur, ainsi que pour organiser le service des personnels.

Les conseillers principaux d'éducation (CPE) ont un rôle éminent à jouer dans l'organisation et l'animation de la vie scolaire. Ils sont chargés d'organiser le service des personnels de surveillance, et il convient qu'ils soient étroitement associés à l'élaboration des dispositions qui régissent la vie scolaire.

Il faut enfin rappeler que l'organisation de la surveillance est nécessairement liée aux conditions d'aménagement matériel des locaux et implique, à cet égard, la collectivité de rattachement.

Quant à la mise en oeuvre des règles retenues, elle requiert la vigilance de l'ensemble des personnels, et tout particulièrement celle des enseignants.

La présente circulaire définit les orientations qui guideront les autorités de l'établissement lors de l'élaboration des règles de surveillance. Les recommandations qui y sont contenues s'attachent particulièrement à conjuguer l'impératif de surveillance des élèves et la nécessité d'apprentissage progressif de la responsabilité et de l'autonomie, ce qui conduit à traiter distinctement des collèges et des lycées. Elles prennent en compte les leçons de la jurisprudence, mais ne sauraient présumer de l'appréciation qui pourra être portée par les tribunaux, à l'occasion de tel litige particulier, sur l'adéquation des mesures finalement retenues.

Ce texte abroge et remplace les circulaires du 28 août 1903, du 12 février 1906, du 1er août 1906, du 9 février 1955, no I-68-527 du 31 décembre 1968, no IV-69-229 du 12 mai 1969, no 70-210 du 28 avril 1970, no 76-002 du 2 janvier 1976, no 76-288 du 8 septembre 1976 et no 78-027 du 11 janvier 1978.

A. LA SURVEILLANCE DES ÉLÈVES DANS LES COLLÈGES [...]

B. LA SURVEILLANCE DES ÉLÈVES DANS LES LYCÉES

Si l'obligation générale de surveillance s'applique également dans les lycées, elle prend en compte l'âge et la maturité des élèves, ainsi que la nécessité d'éducation à la responsabilité et à l'autonomie.

.../...

Le règlement intérieur définit les conditions de la surveillance des élèves, de leurs déplacements et sorties hors de l'établissement. Il précise, le cas échéant, les modalités de mise en oeuvre de l'autodiscipline durant les temps libres inscrits à l'emploi du temps.

Les élèves majeurs sont soumis au règlement intérieur comme les autres élèves.

Le règlement intérieur peut prévoir les sorties libres entre les cours sous la condition d'une autorisation écrite de leurs parents pour les élèves mineurs.

Il est conseillé d'associer le régime de sortie libre à un développement des activités éducatives de l'établissement, propre à y retenir le maximum d'élèves sur la base du volontariat.

# Corrigé des exercices

## Exercice n° 1

La rédaction du texte ne présente aucune difficulté, il suffit de retranscrire les éléments dont on dispose dans un ordre logique.

**Récapitulatif des données**

| | | POURQUOI ? |
|---|---|---|
| **QUI ?** | Le destinataire et éventuellement un ou des accompagnants | Resserrer les liens autour d'un événement qui nous concerne tous. |
| **QUOI ?** | La commémoration du centenaire du Lycée Jean-Laouénan | |
| **COMMENT ?** | Pose de plaque + visite + vin d'honneur | ~~Vin d'honneur en dernier !~~ |
| **COMBIEN ?** | Nombre d'accompagnants ? | ~~Prévoir au plus juste.~~ |
| **OÙ ?** | → cérémonie dans le hall, → vin d'honneur dans le réfectoire | ~~Citer les lieux pour les retardataires.~~ |
| **QUAND ?** | → le 30 juin 2005 à 16 heures → besoin de savoir le 15 juin → écrire fin mai | ~~Écrire et obtenir les réponses suffisamment à l'avance pour pouvoir organiser.~~ |

NB : Les éléments barrés sont des réflexion personnelles et n'ont pas à figurer dans la lettre

## Plan

| Passé | Motif de l'invitation |
|---|---|
| Présent | Déroulement de l'événement |
| Avenir | Invitation |
| Précisions | Coupon |

Pour construire un coupon réponse il nous faut récapituler l'essentiel de l'information afin que le coupon soit bien **identifiable**. Il faut aussi qu'il nous rapporte **à temps** l'information nécessaire à l'organisation : **combien de présents**.

Cet envoi sera fait par publipostage. C'est le modèle de la lettre qui sera automatiquement adapté à chaque destinataire, qu'il s'agit de préparer.

Il s'agit d'une lettre privée en rapport avec la fonction (ce ne sont pas les affaires courantes du lycée).

La personne qui s'exprime dans le texte est le proviseur et non pas le rédacteur ; les coupons devront être renvoyés au rédacteur et non pas directement au proviseur.

VOCABULAIRE :
1. L'éponyme est celui qui donne son nom à quelque chose
2. On commémore un événement, on en célèbre l'anniversaire.

**Lycée Jean-Laouénan**          Brest, le 20 mai 2005
(adresse)
**29000 BREST**

**Tél. :**
**Mél :**
                              (destinataire)
                              (adresse)


(destinataire),

En célébration du centenaire de la fondation de notre établissement et afin de resserrer, autour d'un événement qui nous concerne tous, les liens qui nous unissent ; j'ai l'honneur de vous inviter, en tant que (fonction), à la cérémonie qui se déroulera le :

**30 juin 2005 à 16 heures.**

Une plaque commémorative sera dévoilée dans le hall d'entrée en présence de monsieur le maire, par madame Cornec, petite-fille de notre auguste éponyme, puis un vin d'honneur sera servi dans la salle de réfectoire des élèves, après une visite de nos locaux.

Afin d'organiser au mieux cette manifestation, je vous remercie de compléter et de me renvoyer le coupon ci-dessous avant le 15 juin 2005.

Comptant sur votre présence, je vous prie d'agréer, (destinataire), l'expression de ma considération distinguée.

Le proviseur
*Signature*

✂ - - - - - - - - - - - - - - - - - - - - - - - - - - - - - - - - - - - -

**COUPON-RÉPONSE**
**— Célébration du centenaire du lycée Jean-Laouénan —**
☐   sera présent le 30 juin 2005, accompagné de ... personne(s)
☐   ne pourra être présent le 30 juin 2005.
                    le...          (signature)

Merci de renvoyer ce coupon à l'adresse du lycée, à l'attention de monsieur Coptaire, avant le 15 juin 2005.

## Exercice n° 2

### Récapitulatif des données

| | | POURQUOI ? |
|---|---|---|
| **QUI ?** | Adhémar PATAMOBE | |
| **QUOI ?** | A-t-il été titularisé dans le corps des gardiens de la paix ? | Pour régulariser sa situation dans son corps d'origine. |
| **COMMENT ?** | | |
| **COMBIEN ?** | Stage d'un an | |
| **OÙ ?** | → corps des gardiens de la paix (police nationale) <br> → ministère de l'Intérieur | |
| **QUAND ?** | → arrêté du 20 mars 2004 <br> → début : 1er avril 2004 <br> → fin : 1er avril 2005 | ~~Pour savoir s'il a été titularisé, il faut que le stage soit terminé. Écrire après le 1er avril 2005.~~ |

NB : Les éléments barrés sont des réflexion personnelles et n'ont pas à figurer dans la lettre

### Plan

| | |
|---|---|
| **Passé** | Détachement |
| **Présent** | Est-ce qu'il a été titularisé ? |
| **Avenir** | Régulariser sa situation dans son corps d'origine. |
| **Précisions** | |

**Cour d'appel de Montpellier**
**Montpellier,**
**Service administratif régional**
**Bureau du personnel**
**(adresse)**

Montpellier, le 15 mars 2005

XX/XX/000
Affaire suivie par : Aimé Naime
Tél. :
Mél. :

Le premier président de la cour d'appel
de Montpellier et
le procureur général près ladite cour
à
Monsieur le Directeur général
de la police nationale
Place Beauvau
75008 PARIS
S/c de Monsieur le Ministre de l'intérieur

Objet : Régularisation de la situation administrative de M. Patamobe
Références : Arrêté du 20 mars 2004

Monsieur Adhémar Patamobe, agent de service titulaire à la cour d'appel de Montpellier, a été détaché auprès du ministère de l'Intérieur par arrêté en date du 20 mars 2004, pour accomplir un stage d'une année dans le corps des gardiens de la paix.

Le détachement de monsieur Patamobe ayant pris fin le 1$^{er}$ avril 2005 et afin de régulariser sa situation administrative dans son corps d'origine, nous avons l'honneur de vous demander si l'accomplissement de son stage a entraîné sa titularisation.

Le procureur général
*Signature*
Signature

Le premier président
*Signature*
Signature

## Exercice n° 3

### Récapitulatif des données

| | | POURQUOI ? |
|---|---|---|
| **QUI ?** | Cécile Vaisteur-Stalaune | |
| **QUOI ?** | Veut être embauchée à la RTSE | |
| **COMMENT ?** | → Par concours<br>→ Avec niveau bac : concours SA<br>→ Dossier inscription sera envoyé | |
| **COMBIEN ?** | → Nombre de postes encore inconnu | *Arrêtés pas encore publiés* |
| **OÙ ?** | → RTSE ; Bureau régional du personnel civil<br>→ 20, rue Johnny-Hallyday<br>13830 Roquefort-la-Bédoule | |
| **QUAND ?** | → Concours 2ᵉ semestre 2005<br>→ Envoi dossier dès publication arrêtés | *Arrêtés pas encore publiés* |

NB : Les éléments barrés sont des réflexion personnelles et n'ont pas à figurer dans la lettre

## Plan

| Passé | Demande à être embauchée |
|---|---|
| **Présent** | Bac => possibilité de se présenter au concours SA |
| **Avenir** | On lui enverra un dossier d'inscription dès publication des arrêtés |
| **Précisions** | |

Ministère de la Défense
Région terre Sud-Est
Bureau régional du personnel civil
(adresse)

Lyon, le 2 décembre 2004

XX/XX/000
Affaire suivie par : Adèle Scott
Tél. :
Mél. :

Mademoiselle Cécile Vaisteur-Stalaune
20 RUE JOHNNY HALLYDAY
13830 ROQUEFORT LA BÉDOULE

Mademoiselle,

Par votre lettre datée du 22 novembre 2004, vous sollicitez un emploi au sein des services du ministère de la Défense.

J'ai l'honneur de vous informer que la possession d'un baccalauréat G2 vous autorise à vous **présenter au concours de recrutement des secrétaires administratifs** des services extérieurs, dont la prochaine session aura lieu dans le courant du deuxième semestre 2005.

En conséquence, dès la publication des arrêtés fixant la date précise des épreuves ainsi que le nombre de postes à pourvoir, **vous recevrez un dossier d'inscription**.

Je vous prie d'agréer, Mademoiselle, l'assurance de ma considération distinguée.

Pour le général commandant la RTSE,
le chef du bureau régional du personnel civil

*Signature*
Signature

## Exercice n° 4

**Récapitulatif des données**

|  |  | POURQUOI ? |
|---|---|---|
| **QUI ?** | → Le service gestionnaire des IEF<br>→ Aux candidats reconnus aptes | Choix des postes |
| **QUOI ?** | → Transmettre les fiches de poste<br>→ Convoquer à la réunion obligatoire du 10/12/04 | *Résultat des concours des 22 et 23 mai 2004* |
| **COMMENT ?** | → Priorité de choix selon classement<br>→ Prévenir rapidement du désistement<br>→ Informer des empêchements | |
| **COMBIEN ?** | → Nombre de postes encore inconnu | |
| **OÙ ?** | → Centre de formation d'Arcueil<br>*Joindre un plan* | |
| **QUAND ?** | → Le 10/12/2004<br>→ à 8 heures | |

NB : Les éléments barrés sont des réflexion personnelles et n'ont pas à figurer dans la lettre

## Plan

| **Passé** | Admission au concours |
|---|---|
| **Présent** | Choisir un poste |
| **Avenir** | Se présenter à la réunion |
| **Précisions** | Modalités de choix, de désistement, d'excuse |

La lettre sera en forme administrative, pour les candidats internes et en forme personnelle pour les candidats externes.

**Ministère de la Défense**
**Direction de la fonction militaire**
**et du personnel civil**
**Sous-direction du personnel civil**
**Service gestionnaire des IEF**
**14, rue Saint-Dominique**
**00450 Armées**

Paris, le 25 novembre 2004

Le Directeur de la fonction militaire
et du personnel civil
à
(destinataire)
(adresse)

XX/XX/000
Affaire suivie par : Jean Sive
Tél. :
Mél. :

Objet : Choix des postes d'IEF pour les candidats figurant sur la liste d'aptitude
P.J. : Plan d'accès au centre de formation d'Arcueil

J'ai l'honneur de vous faire connaître que votre nom figure sur la liste principale d'aptitude au grade d'IEF. En conséquence vous êtes invité à vous rendre à la réunion destinée à répartir les postes vacants. Celle-ci se tiendra le :

**10 décembre 2004 à 8 heures**
**au centre de formation d'Arcueil.**

En prévision de cette réunion, il vous appartient de choisir un emploi correspondant à votre spécialité parmi les fiches de poste ci-jointes. Le rang de classement sur la liste d'aptitude départagera les candidats à un même emploi.

J'attire votre attention sur le fait que votre présence à cette réunion est obligatoire. Si vous aviez un empêchement, vous devrez m'en informer avant le 8 décembre 2004.

Si vous envisagez de vous désister, il conviendra de m'en informer avant le 3 décembre 2004.

Pour le directeur de la fonction militaire
et du personnel civil et par délégation
Le chef de service gestionnaire des IEF

*Signature*
Signature

## Exercice n° 5

La seule difficulté de ce cas est l'exposé des accidents sans recourir à une énumération. Pour ce faire, il faut reclasser les données en allant du général vers le particulier :

| L'effectif | 166 personnes dont 124 ouvriers |
|---|---|
| Le nombre d'accidents | 15 Accidents du travail |
| La répartition des accidents | 4 de trajet et 11 dans l'établissement personnel ouvrier pour 80 % |
| Les conséquences de ces accidents | Perte de 86 jours de travail |
| Le traitement des accidents | 1 hospitalisation + 14 par traitement infirmière 4 séances de médecine du travail Réunion CHS en plus des 2 réunions annuelles |

C'est l'ordre dans lequel leur exposé coulera le plus aisément.

## Plan

| Passé | Rappel demande de bilan des accidents du travail |
|---|---|
| Présent | Exposé |
| Avenir | Envoi des comptes rendus |
| Précisions | |

**Ministère de la Culture**
**Musée d'art mérovingien**
**Service du personnel**
**Château Annespagne**
**00000 Trifouillis-les-Oies**

Paris, le 15 mars 2005

XX/XX/000
Affaire suivie par :
Aline Aigécrillet
Tél. :
Mél. :

Le président du musée d'art mérovingien
de Trifouillis-les-Oies

à

Monsieur le Directeur de l'Administration
générale et de l'environnement culturel
3 rue de Valois
75001 PARIS

S/c du Ministre de la culture

OBJET : Les accidents du travail survenus dans l'établissement en 2004
RÉFÉRENCES : Votre lettre XX/XX du 5 mars 2005

Par lettre, citée en référence, vous me demandez des précisions sur les accidents du travail survenus dans l'établissement qui relève de ma responsabilité.

J'ai l'honneur de vous informer que, pour un effectif de 166 personnes dont 124 ouvriers, 15 accidents sont survenus en 2003 dont 11 dans l'établissement et 4 pendant les trajets. Ces accidents, concernant pour 80 % le personnel ouvrier, ont entraîné un déficit de 86 jours de travail.

Un seul de ces accidents a nécessité une hospitalisation et tous les autres ont pu êtres traités par l'infirmière de service.

En outre, le médecin du travail a organisé 4 séances de contrôle.

Vous trouverez ci-joint les comptes rendus du comité d'hygiène et sécurité (CHS) qui s'est réuni à la suite de chacun des accidents en plus des deux séances régulières.

Pour le président et par délégation
Le chef du service du personnel

*Signature*
Signature

— 17 PJ —

© Éditions d'Organisation

## Exercice n° 6

| Le cas | La réglementation |
|---|---|
| M. Ofrèze | |
| décès épouse | → Réversion |
| épouse fonctionnaire **en activité** dans ce ministère depuis 1977 (28 ans) sans interruption | → C'est le ministère qui traite<br>→ *A priori* pas de pension d'invalidité en cours |
| 52 ans | → Pas de limite d'âge |
| marié depuis le 3 août 1984 (20 ans) | → Plus de 4 ans |
| 1 fils 16 ans | → 10 % jusqu'à l'âge de 21 ans<br>→ ou si infirme => à vie |
| élève dans un lycée sport et études | → *A priori* ne présente pas d'incapacité majeure |
| demande pension ayant cause | → 50 % de ce qu'elle aurait eu<br>→ Après vérification justificatifs |

## Plan

| Passé | Rappel demande et cause demande |
|---|---|
| **Présent** | Droits du père + droits du fils<br>(au conditionnel car on n'a pas les justificatifs) |
| **Avenir** | Constituer dossier |
| **Précisions** | Présenter ses condoléances dans la formule de courtoisie |

Ministère de l'Agriculture                          Paris, le 31 janvier 2005
Direction générale
de l'Administration
Sous-direction du
développement professionnel
et des relations sociales
Bureau des pensions
251, rue de Vaugirard
75732 Paris
XX/XX/000                           Monsieur Parfait OFREZE
Affaire suivie par :
Tél. :                              (adresse)
Mél. :

PJ : un dossier de pension

Monsieur,

Par votre lettre datée du 18 janvier 2005, vous demandez à bénéficier d'une pension d'ayant cause à la suite du décès de votre épouse, fonctionnaire dans ce ministère.

J'ai l'honneur de vous informer que — sous réserve de confirmation de vos droits en regard des justificatifs que vous nous fournirez —, en tant que conjoint non remarié, vous pourrez obtenir une pension de réversion d'un montant égal à 50 % de ce qu'aurait pu obtenir madame Ofrèze à la date de son décès.

En outre, étant donné que votre fils unique est âgé de moins de 21 ans, cette pension devrait être augmentée d'une pension temporaire d'orphelin d'un montant égal à 10% de ce qu'aurait pu obtenir sa mère à la date de son décès. Elle serait versée jusqu'à son 21e anniversaire.

Je vous invite donc à remplir le dossier de pension ci-joint et à me le renvoyer accompagné des justificatifs listés en première page du formulaire. À la réception de ces documents, je pourrais m'employer à faire valoir vos droits afin que les versements débutent au plus vite.

Je vous prie d'accepter, Monsieur, mes sincères condoléances.

Pour le ministre de l'Agriculture,
Le chef du bureau des pensions

*Signature*
Signature

## Exercice n° 7

| Le cas | La réglementation |
|---|---|
| Geoffrey Ben-Lassiest | |
| ouvrier mécanicien groupe V | ouvriers de l'État OK |
| 55 ans | OK |
| DCN = Défense depuis 01/10/83 => 14 ans (nous sommes le 23/10/97) | relevant du ministère de la Défense OK |
| DCN restructurée | employé dans des établissements restructurés OK |
| cessation progressive d'activité ? | ~~Décret N° 95-933 du 17 août 1995 cessation progressive d'activité si pas possible retraite anticipée à condition 55 ans (+ 25) ans ancienneté~~ |
| retraite anticipée ? au 15/12/97 | Décret N° 96-394 du 7 mai 1997 cessation anticipée d'activité avec jouissance immédiate de pension jusqu'au 31/12/98 (Geoffrey aura eu **15 ans** d'ancienneté au 01/10/98) si 55 ans + 15 ans ancienneté => pourra partir au 01/10/98 **et pas au 15/12/97** |

NB : Les éléments barrés sont des réflexion personnelles et n'ont pas à figurer dans la lettre

## Plan

| Passé | Rappel demande |
|---|---|
| **Présent** | Ce qui est impossible et ce qui est possible selon les textes |
| **Avenir** | Il doit décider et faire sa demande |
| **Précisions** | Attention ! Ces dispositions sont limitées dans le temps |

Ministère de la Défense
Direction de la
fonction militaire et du personnel civil
Bureau des restructurations
 14, rue Saint-Dominique
000450 Armées

N° XX/XX

Affaire suivie par : Marc HASSAIN
Tél. :
Mél. :

Paris, le 15 septembre 1997

Le directeur de la fonction militaire
et du personnel civil

à

Monsieur Geoffrey BEN-LASSIEST
Ouvrier groupe V
Direction des constructions navales

(voie hiérarchique)

Objet :  Cessation anticipée d'activité
Références : - Décret N° 96-394 du 7 mai 1997, Décret N° 95-933 du 17 août 1995
                     - Votre lettre du 2 septembre 1997

Par lettre citée en référence, vous sollicitez le bénéfice de votre pension au 15 décembre 1997 ou, dans l'impossibilité, celui d'une cessation progressive d'activité à cette même date.

J'ai l'honneur de vous informer que **la cessation progressive d'activité vous est impossible**. En effet, le décret N° 95-933, qui offre cette possibilité, exige 25 années de service effectif. Or, embauché au 1$^{er}$ janvier 1983, vous n'avez à ce jour que 14 ans d'ancienneté.

Toutefois, **vous pourrez, si vous le souhaitez, prendre une retraite anticipée à la date du 1$^{er}$ octobre 1998**. En effet, à cette date vous réunirez les conditions exigées par le décret N° 96-394 — c'est-à-dire être âgé de 55 ans au moins et justifier de 15 ans de services au ministère de la Défense.

Il vous appartient donc de décider si vous voulez bénéficier d'une cessation anticipée d'activité à la date du 1$^{er}$ octobre 1998 et de me faire connaître votre décision par lettre.

J'attire votre attention sur le fait que, par décret, de tels choix ne seront plus possibles après le 31 décembre 1998.

Pour le directeur de la
Fonction militaire et du personnel civil
et par délégation,
Le chef du bureau des restructurations

p/o  M. Hassain
M. Hassain

## Exercice n° 8

Il s'agit d'une lettre privée en rapport avec la fonction donc le ton est plus solennel que celui employé pour traiter les affaires courantes. La formule d'appel sera manuscrite.

## Plan

| Passé | Reformulation de la demande |
|---|---|
| **Présent** | Honoré, mais emploi du temps chargé |
| **Avenir** | Important donc se fait remplacer |
| **Précisions** | Publication |

**Le ministre de la Culture**    Paris, le 25 septembre 2005

Monsieur le Maire de Kouent-Kozh
Hôtel de Ville
00000 Kouent-Kozh

Monsieur le Maire,

Par votre lettre en date du 11 septembre 2005 vous me proposez obligeamment d'ouvrir, le 17 février 2006, les travaux du colloque sur les abbayes celtiques et la culture de l'occident médiéval, organisé par la commune de Kouent-Kozh.

Je suis très honoré par votre requête et vous en remercie, mais je suis au regret d'avoir à décliner votre invitation, mon emploi du temps, très chargé pendant cette période, ne me permettant pas de me libérer personnellement.

Conscient néanmoins de l'importance de cette manifestation et désireux de manifester tout l'intérêt que j'accorde à votre initiative, je vous informe que j'ai demandé au directeur régional des affaires culturelles de Bretagne de me représenter à cette occasion.

En ce qui concerne la prise en charge de la publication des actes du colloque, je tiens à vous signaler qu'il vous est possible de faire appel au mécénat. Naturellement, dans le cas où vous ne trouveriez pas de solution dans cette voie, le directeur régional des affaires culturelles serait habilité à recevoir de votre part un dossier de demande de subvention.

*Vous assurant de mon soutien, je vous prie de croire, Monsieur le Maire, à ma parfaite considération.*

*Signature*

## Exercice n° 9

| Le cas | La réglementation |
|---|---|
| début septembre 2005 | |
| CRAMA Chaumont : déclaration d'accident agriculteur M. Octave Hachébel | |
| Briey | |
| demande 1 115 € dédommagement | plafond 1 500 € ; OK mais faire preuve |
| cause : explosion près mufle ballon-sonde (BS) entraînant mort bovin par arrêt cardiaque | |
| débris de BS — lancé le 15/5/05 par station météo d'Essey-les-Nancy — près corps bovin retrouvés par gendarmes | |
| pas témoignages corroborant | |
| vétérinaire explique : explosion au contact du mufle => arrêt cardiaque | rapport SETI conclut : BS éclate 1. à 27 000 m cause dilatation des gaz 2. en présence d'une flamme ou d'une étincelle => explication impossible |

## Plan

Le texte de la lettre doit être démonstratif (dans l'énoncé il est chronologique) c'est-à-dire se présenter sous la forme d'un syllogisme :

| Passé | Rappel situation |
|---|---|
| Présent | 1/ Vous dites que (constat, vétérinaire, débris) — emploi du conditionnel 2/ Or il se trouve que (experts, absence de confirmation par témoins) — indicatif |
| Avenir | 3/ Donc votre version est impossible et je n'ai pas à payer — indicatif |
| Précisions | |

Ministère des Transports
(lieu)
Direction de la Météorologie nationale
Service administratif
(adresse)

XX/XX/000

Affaire suivie par : Sophie Fonfec
Tel :

lieu, le 15 septembre 2005

Monsieur le Directeur de la
Caisse régionale d'assurances mutuelles
agricoles
3 RUE PAUL BERT
52001 CHAUMONT

Monsieur le Directeur,

J'ai été saisi le 05/09/05 de votre dossier de demande d'indemnisation n° 000 pour la mort d'un bovin appartenant à votre assuré monsieur Octave Hachébel, exploitant agricole à Briey.

D'après la déclaration de l'agriculteur et selon l'expertise du vétérinaire la mort serait survenue par arrêt cardiaque à la suite de l'explosion d'un ballon-sonde au contact du mufle de l'animal. Par ailleurs, les débris d'un ballon-sonde, lancé par la station météorologique d'Essey-lez-Nancy le 15/05/05, ont été trouvés près de l'animal par les gendarmes de Briey.

Or, le rapport du Service des équipements et des techniques instrumentales (SETI) de la Météorologie nationale conclut que les ballons-sondes éclatent soit lorsqu'ils atteignent l'altitude de 27 000 m par dilatation du gaz, auquel cas ne retombent que des débris ; soit au contact d'une flamme ou d'une étincelle ; mais jamais dans les conditions envisagées dans la version de votre assuré qui, en outre, n'est renforcée par aucun témoignage visuel ou auditif.

C'est pourquoi j'ai l'honneur de vous informer que je ne peux donner une suite favorable à votre requête.

Je vous prie d'agréer, Monsieur le Directeur, l'expression de ma considération distinguée.

Pour le directeur de la Météorologie nationale
et par délégation,
Le chef du service administratif

*Signature*
Signature

## Exercice n° 10

| Le cas | Le règlement |
|---|---|
| Nicole Leu-Phâ-Dah<br>ADAD TGI Marseille<br>Origine vietnamienne ← | art. 4 => se rendre pays d'origine |
| Mariée + 3 enfants ←<br>dont 1 en bas âge | art. 3 => priorité choix période congés<br>annuels si accord responsable<br>=> dire accord A. Peillet obtenu après<br>concertation collègues |
| Chef de service : Alonzo Balmaquez<br>Responsable : Amanda Peillet | |
| Congés 2004 : 15 j<br>Congés 2005 : 20 j<br>RTT : 15 j<br>= 50 jours | art. 5 => besoin autorisation<br>exceptionnelle du chef de service pour<br>report 2004 sur 2005<br>=> dire accord A. Balmasquez obtenu |
| Partir Vietnam | art. 4 => demander au chef<br>d'établissement l'autorisation du cumul<br>pour se rendre dans son pays d'origine |
| du 26 juin au 14 août | art. 3 => choix période<br>=> dire accord collègues |

## Plan

| Passé | Présentation et projet |
|---|---|
| **Présent** | Demande d'autorisation |
| **Avenir** | Faits en regard du règlement |
| **Précisions** | |

*Mélérasil, le...*
*Nicole Leu-Pha-Dah*
*Adjointe administrative*
*Service Y*
*TGI de Mélérasil*
*à*
*Monsieur le Président du*
*tribunal de grande instance de Mélérasil*
*et*
*Monsieur le Procureur de la République*
*près ledit tribunal*
*(adresse)*

*S/c Monsieur le greffier en chef, chef de greffe*
*du tribunal de grande instance de Mélérasil*

*Objet : Demande de cumul et de report de congés pour voyage au pays natal*

*Monsieur le Président*
*et Monsieur le Procureur de la République,*

*Adjointe administrative au tribunal de grande instance de Mélérasil depuis le 17 avril 1992, et désireuse de me rendre au Vietnam, mon pays natal, j'ai l'honneur de solliciter de votre haute bienveillance, l'autorisation exceptionnelle de cumul de congés prévue par l'article 4 du décret 84-972 du 26 octobre 1984.*

*En effet, les 15 jours qui me restent à prendre en 2004, ajoutés à mes 15 jours de RTT et à mes 20 jours de 2005 constituent les 50 jours nécessaires à un déplacement de cette importance.*

*J'appelle tout particulièrement votre attention sur le fait que mon greffier en chef, monsieur Balmasquez, m'a autorisé à reporter mes congés de l'année précédente comme le prévoit l'article 5 du décret 84-972 du 26 octobre 1984.*

*Par ailleurs madame Peillet, ma responsable directe, après consultation de mes collègues, ne voit aucun inconvénient à ce que je bénéficie des dispositions de l'article 3 de ce même décret, qui me donnent priorité, en tant que mère de 3 enfants, pour poser ce congé du 26 juin au 14 août 2005.*

*En vous remerciant pour l'attention que vous avez prêtée à ma demande, je vous prie d'agréer, Monsieur le Président et Monsieur le Procureur de la République, l'expression de ma respectueuse considération.*

*Signature*

## *Exercice n° 11*

| Le cas | La réglementation |
|---|---|
| Mme Ariane Assiray | |
| sollicite auprès du ministre | |
| sa réintégration | pas de recrutement de contractuel actuellement<br>doit passer concours 2006<br>=> demander renseignements |
| adjoint administratif | |
| pendant 3 ans : 1/3/94 ... 30/6/97 | |
| bon élément | |
| aucune absence | |
| interrompt activité | 1. demande évidente démission par lettre du 9/6/97 reçue le 10<br>=> demande correspond art. 58 du décret 85-986 du 16/9/86<br>=> art. 59 « l'acceptation de la démission la rend irrévocable »<br>2. démission acceptée par décision ministérielle 15/6/97 ; notifiée 18/6/97 |
| pour naissance 3e enfant | pas demande de disponibilité<br>=> dans cas contraire aurait pu être réintégrée |
| collabore avec mari | |
| charges familiales importantes | |
| **droit** d'exiger réintégration | NON |

## Plan

| Passé | Rappel de la demande<br>Rappel de la situation antérieure |
|---|---|
| Présent | En regard des textes : impossibilité de réintégrer (inutile de remuer le couteau dans la plaie en parlant de la disponibilité qu'elle aurait dû prendre pour élever son enfant jusqu'à ses 3 ans) |
| Avenir | Proposer de présenter un concours |
| Précisions | |

**Ministère de YY**

Paris, le 15 juin 2005

Direction du personnel
Bureau des recrutements
et des concours

1, rue du Ministère
75001 PARIS

Tél. 00 00 00 00 00
Fax 00 00 00 00 00

XX/XX/000

Madame Ariane ASSIRAY
9, RUE DU COMMERCE
94170 NOGENT SUR MARNE

Affaire suivie par : Mylène Micotton
Tél. :
Mél. :

Madame,

Par votre lettre, datée du 1$^{er}$ mars 1990, vous sollicitez votre réintégration dans le corps des adjoints administratifs au sein de ce ministère.

J'ai l'honneur de vous rappeler que la cessation de vos fonctions est le résultat de votre démission.

En effet, votre lettre datée du 9 juin 1997 ne laissait aucun doute sur votre volonté de quitter définitivement vos fonctions. Votre démission a donc été acceptée par décision ministérielle du 15 juin 1997 qui vous a été notifiée le 18 juin 1997.

En conséquence, en application des articles 58 et 59 du décret n° 85-986 du 16 septembre 1986 il est impossible de vous réintégrer.

Je vous invite donc, étant donné qu'aucun recrutement d'agents contractuels n'est prévu actuellement, à me faire connaître si vous souhaitez présenter un des concours ouverts en 2006, auquel cas je vous enverrai des renseignements ainsi que les formulaires nécessaires à votre inscription.

Je vous prie d'agréer, Madame, l'expression de ma considération distinguée.

Le Ministre de YY
*Signature*

## Exercice n° 12

| Le cas | La réglementation |
|---|---|
| Président chambre de commerce et industrie | |
| gérant d'un aérodrome civil | ça le concerne |
| en métropole | commissaires instituées par décret n° 60-652 du 28/6/60 modifié par n° 73-287 du 13/3/73 et n° 81-301 du 1/4/81 |
| demande | Le chef de service des bases aériennes répond (dépend de la Direction régionale de l'aviation civile — DRAC). |
| renseignements sur les commissions consultatives économiques | ➜ Peuvent être consultées sur toutes les affaires concernant l'exploitation commerciale de l'aérodrome.<br>➜ Sont obligatoirement consultées :<br>• sur les modalités d'application des redevances réglementées.<br>• Sur les conditions générales d'établissement et de perception et le barème des redevances non réglementées.<br>• Sur les programmes des travaux d'équipement de l'aérodrome. |
| mode de création | • Par arrêté du préfet de région.<br>• Sur proposition du DRAC.<br>• Préfet nomme les membres pour 3 ans.<br>• Membres proposés par organismes qu'ils représentent. |
| composition | • De 5 à 13 membres.<br>• Parité : usagers / gestionnaire.<br>• Président choisi pour compétence après avis des membres.<br>• Voie consultative des représentants de l'aérodrome si concernés par ordre du jour. |

.../...

| fonctionnement | ➜ Réunion :<br>• À initiative président.<br>• Ou à demande DRAC.<br>• Ou à demande 1/3 des membres.<br>➜ décision : à la majorité des présents (voie du président prépondérante. |
|---|---|

Les CCI sont des établissements publics placés sous la tutelle administrative de 3 ministères (ministère des Finances et de l'Industrie, ministère des Transports, ministère de l'Éducation nationale). Il faut donc rédiger une lettre administrative en forme administrative.

# Ministère des Transports

lieu, le …

(lieu),
**Direction de l'Aviation civile**
**Service des bases aériennes**
(adresse)
**XX/XX/000**

Le Directeur de l'Aviation civile
à
Monsieur le Président
de la Chambre de commerce et
d'industrie de…
(adresse)

Affaire suivie par :
Tél. :

Objet : Information sur les commissions consultatives économiques
Références : - décret n° 81-301 du 1er avril 1981,
             - décret n° 73-287 du 13 mars 1973,
             - décret n° 60-652 du 28 juin 1960.

Par votre lettre en date du X vous me demandez des informations sur les commissions consultatives économiques (CCE).

J'ai l'honneur de vous informer que les CCE sont des organes représentant à parité le gestionnaire et les usagers. Elles sont composées de 5 à 13 membres proposés par les organismes qu'ils représentent et nommés pour 3 ans, par le préfet de région. Leurs présidents sont choisis pour leur compétence après avis des membres.

Elles peuvent être consultées sur toutes les affaires concernant l'exploitation commerciale de l'aérodrome et doivent l'être impérativement sur l'application, le barème et la perception des redevances réglementées, ainsi que sur les programmes de travaux d'équipement de l'aérodrome.

Elles sont créées par arrêté du préfet de région sur proposition du directeur régional de l'aviation civile (DRAC).

La CCE se réunit sur l'initiative de son président ou à la demande du tiers de ses membres ou celle du DRAC. Les décisions sont prises à la majorité des présents, mais la voix du président est prépondérante. En outre, les représentants de l'aérodrome ont une voix consultative s'ils sont concernés par l'ordre du jour.

Pour le Directeur de l'Aviation civile
et par délégation,
Le chef du service des bases aériennes

Signature

*Exercice n° 13*

| Le cas | Le poste à pourvoir |
|---|---|
| Adjoint administratif | Poste d'adjoint administratif au service régional de la cour d'appel d'Agen vacant : assister le responsable de la gestion **budgétaire** dans le cadre de la déconcentration des **crédits** de l'État |
| Je suis adad au TGI Toulouse depuis le 1er septembre 1995 — muté sur demande | |
| Je travaille du lundi au jeudi | |
| du 1er septembre 1995 au 1er octobre 1996 : service de la gestion **budgétaire** | **Correspond** à la description du poste |
| du 2 octobre 1996 au 21 juin 1998 : correspondant local **informatique** | **Correspond** à une qualité requise : connaissance logiciels |
| à compter du 21 juin 1998 : secrétariat du chef de greffe. | |
| Je suis entré dans les services judiciaires le 11 avril 1992 => au TI de Carpentras. | => ancienneté = 13 ans |
| À Carpentras j'étais **régisseur** titulaire ; j'ai donc participé à mise en place de **l'informatisation** de mon service. | **Correspond** à une qualité requise : connaissance logiciels |
| Je suis marié depuis le 1er juillet 1997 | |
| Mon conjoint est en poste au tribunal de grande instance d'Agen. | => un rapprochement rendrait la vie plus facile donc la vie professionnelle plus sereine |
| Mes chefs de juridiction, madame Durand et madame Dubois ainsi que mon chef de greffe mademoiselle Dupuy ne sont pas hostiles à ma demande. | => la hiérarchie directe est composée de femmes : penser à mettre « madame » dans la suscription et féminiser si j'en ai reçu la consigne |
| | La demande est à adresser aux chefs de cour |

## *Plan*

| Passé | Sollicitation |
|---|---|
| Présent | Expérience en regard du profil du poste |
| Avenir | Situation de famille et avis de la hiérarchie |
| Précisions | |

Toulouse, le 15 mai 2005

Alain Ternette
Adjoint administratif
Secrétariat du chef de greffe
Tribunal de grande instance de Toulouse
à
Monsieur le Premier président de la
cour d'appel de Toulouse
et Monsieur le Procureur général
près ladite cour

S/c de Madame le Président du
tribunal de grande instance de Toulouse
et de Madame le Procureur de la République près
ledit tribunal

S/c de Madame le Greffier en chef du tribunal de
grande instance de Toulouse

OBJET : Demande de mutation au poste d'adjoint administratif au service régional de
la cour d'appel d'Agen

Monsieur le Premier président
et Monsieur le Procureur général,

J'ai l'honneur de solliciter de votre haute bienveillance mon affectation au
service régional de la cour d'appel d'Agen où un poste a été déclaré vacant
le (…).

Il s'agit d'un poste d'adjoint administratif consistant à assister le responsable de la gestion budgétaire dans le cadre de la déconcentration des crédits
de l'État.

.../...

.../...

En effet, comme mon dossier vous le confirmera, mon expérience au sein des services judiciaires me permet de prétendre détenir les compétences et qualités requises pour cet emploi, notamment une prédisposition pour les chiffres et une bonne connaissance de l'informatique.

En premier lieu, entré dans les services judiciaires le 11 avril 1992 en qualité d'adjoint administratif au tribunal d'instance de Carpentras où j'étais régisseur titulaire, j'ai participé à l'informatisation de mon service.

En second lieu, muté sur ma demande au tribunal de grande instance de Toulouse depuis le 1$^{er}$ septembre 1995, j'ai d'abord été employé au service de la gestion budgétaire jusqu'au 1$^{er}$ octobre 1996. J'ai, par la suite, assuré la responsabilité de correspondant local informatique jusqu'au 21 juin 1998 date depuis laquelle je suis affecté au secrétariat du chef de greffe.

Par ailleurs, marié depuis le 1$^{er}$ juillet 1997 et mon conjoint étant en poste au tribunal de grande instance d'Agen, cette affectation me permettrait de mieux organiser ma vie privée et, par conséquent, ma vie professionnelle.

J'appelle, enfin votre attention sur le fait que ma hiérarchie n'est pas hostile à ma demande.

Veuillez agréer, Monsieur le Premier président et Monsieur le Procureur général l'expression de ma respectueuse considération.

Alain TERNETTE

## Exercice n° 14

| Le cas | La réglementation |
|---|---|
| Proviseur du lycée | Dans la lettre, ne pas s'occuper de ce qui concerne les collèges.<br>Responsabilité — proviseur et conseil d'administration — engagée vers élèves dommages causés ou subits => surveillance activités scolaires internes ou externes<br>Âge élèves lycée => responsabiliser Majeurs soumis au règlement. |
| demande préciser la réglementation relative aux déplacements des élèves à l'extérieur du lycée | Chaque établissement établit son règlement en tenant compte des recommandations de la circulaire (règles simples ; contrat).<br>Le règlement peut prévoir qu'ils accompliront seuls le trajet en autodiscipline selon leur mode habituel de transport. |
| dans le cadre des activités organisées par l'établissement pendant la durée du temps scolaire. | Les activités doivent être approuvées par le chef d'établissement : liste d'élèves, plan de sortie, moyen, horaires, itinéraire.<br>Le responsable du groupe sait que faire et qui joindre en cas d'accident (procédure écrite). |

## Plan

| Passé | Rappel de la demande |
|---|---|
| Présent | À quoi doit répondre le règlement du lycée |
| Avenir | Suggestions pour les sorties et leur motif |
| Précisions | |

Rectorat de Nouert                                          Nouert, le...
Division de la vie scolaire
(adresse)

XX/YY/000
Affaire suivie par : Raoul Jeunesse
Tél. :
Mél. :

Le recteur de l'académie de Nouert
à
Monsieur le Proviseur du Lycée Joey-Starr
(adresse)
Sous couvert de Monsieur l'Inspecteur
d'académie, directeur des services départementaux de l'Éducation nationale de
l'Eure

Objet : Déplacement des élèves à l'extérieur de l'établissement
Référence : circulaire n° 96-248 du 25 octobre 1996

Par votre lettre datée du (...) vous me demandez de vous préciser la réglementation relative aux déplacements des élèves à l'extérieur du lycée, dans le cadre des activités organisées par l'établissement pendant la durée du temps scolaire.

J'ai l'honneur de vous informer qu'il vous appartient d'établir le règlement interne du lycée que vous dirigez, en vous appuyant sur les recommandations de la circulaire citée en référence. Ce règlement doit notamment prévenir tous les dommages causés ou subits par les élèves ; ces dommages engageant votre responsabilité et celle du conseil d'administration. Pour une meilleure application, il est préférable que les règles en soient simples et que chaque élève atteste de sa signature, en avoir pris connaissance.

Pour ce qui concerne les déplacements à l'extérieur de l'établissement pendant le temps scolaire, le règlement peut prévoir, si les locaux sont peu éloignés et afin de responsabiliser les élèves, qu'ils utilisent leur mode de transport habituel, en autodiscipline.

.../...

.../...

En revanche, il est préconisé que toute activité externe effectuée pendant le temps scolaire soit soumise par écrit à votre approbation dans un dossier précisant le nom des élèves, le plan de sortie, le moyen de transport employé, les horaires et l'itinéraire. De même il est conseillé de prévoir que le responsable du groupe détienne une procédure écrite, ainsi que la liste de tous les numéros de téléphone utiles, pour agir en cas d'accident.

*Signature*
Signature

# Annexes

Circulaire du 14 février 2003 relative à l'emploi de la langue française.

Déclaration de l'Académie française du 21 mars 2002 sur la féminisation des noms de métiers, fonctions grades et titres.

Arrêté du 2 juillet 2001 portant création d'un comité d'orientation pour la simplification du langage administratif.

Extrait du rapport de 1999 de la Délégation générale à la langue française (DGLF) précisant le rôle de l'Académie française.

Résumé des observations et recommandations de la Commission générale de terminologie et de néologie dans son rapport d'octobre 1998, au Premier ministre.

Circulaire du 12 avril 1994 relative à l'emploi de la langue française par les agents publics.

Lettre d'encouragement de Georges Pompidou à l'Association pour le Bon Usage du Français dans l'Administration (ABUFA), lors de sa création en 1967.

J.O n° 68 du 21 mars 2003 page 5034

**Décrets, arrêtés, circulaires**
**Textes généraux**

**Premier ministre**

Circulaire du 14 février 2003 relative à l'emploi de la langue française

NOR: PRMX0306461C

Paris, le 14 février 2003.

Le Premier ministre à Mesdames, Messieurs les ministres, ministres délégués et secrétaires d'Etat.

Je souhaite que le Gouvernement conduise une politique ambitieuse, déterminée et renouvelée en faveur de la langue française. Cette politique est nécessaire pour assurer, au service de nos concitoyens, la primauté de notre langue sur le territoire national ; elle l'est également pour préserver la place du français sur la scène internationale.

**1. Assurer la primauté du français sur le territoire national.**

Langue de la République, le français est notre bien commun. Les règles qui en garantissent l'usage et en favorisent le développement doivent être strictement observées.

Les textes en vigueur donnent aux consommateurs et aux salariés l'assurance de disposer d'une information en langue française, droit essentiel qui leur offre une protection indispensable à leur sécurité et à leur santé. J'invite donc les services chargés de contrôler l'application des textes relatifs à l'emploi de la langue française, en particulier la loi du 4 août 1994, à accomplir leur mission avec une particulière vigilance.

Par ailleurs, notre langue doit pouvoir continuer à disposer de termes et d'expressions permettant d'exprimer les notions et réalités contemporaines. C'est le but du travail de terminologie et de néologie. Je vous engage à favoriser l'activité des commissions de terminologie et de néologie placées sous votre autorité. Votre rôle est en effet déterminant pour enrichir, faire connaître et partager les ressources nouvelles du français.

A cet égard, la création de commissions spécialisées et la nomination de hauts fonctionnaires chargés de la terminologie et de la néologie doivent intervenir très rapidement pour couvrir l'ensemble des domaines dont vous avez la charge.

Je vous rappelle enfin que les termes retenus par la commission générale de terminologie et de néologie s'imposent aux services et aux établissements publics de l'Etat. Je vous demande de veiller particulièrement à ce qu'ils soient employés dans tous les moyens d'information et de communication, traditionnels (publications) et nouveaux (sites de l'internet), dont le contenu relève de votre responsabilité ou de la responsabilité d'établissements placés sous votre autorité ou votre tutelle.

Il importe également que vous favorisiez la diffusion des contenus scientifiques en langue française. Vous serez attentifs à l'application des dispositions de la loi du 4 août 1994 permettant d'assurer la présence de notre langue dans les manifestations internationales organisées sur notre territoire. Plusieurs dispositifs de soutien, proposés notamment par le ministère de la culture et de la communication, encouragent l'usage du français dans les publications comme dans les colloques scientifiques. Vous veillerez à en informer les organismes susceptibles d'y recourir.

**2. Affirmer la place du français sur la scène internationale.**

Le respect du statut de langue officielle et de langue de travail du français dans les organisations internationales, particulièrement les institutions européennes, est une condition du maintien de la diversité linguistique. Il importe de promouvoir de façon dynamique l'usage de notre langue dans ces enceintes.

Le prochain élargissement de l'Union européenne doit être l'occasion de promouvoir le recours à l'utilisation de la langue française en Europe. L'usage du français est important dans les institutions communautaires et il doit le rester. Dès lors, un effort majeur doit être accompli pour répondre aux fortes demandes de formation à la langue française des diplomates et des fonctionnaires des Etats candidats. En outre, nous devons mener une politique déterminée en faveur du plurilinguisme dans les institutions européennes et dans les programmes d'éducation et de formation nationaux et européens. Je souhaite que le Gouvernement intensifie son action en ce sens.

J'attends également que, dans les différentes négociations auxquelles vous êtes amenés à participer dans le cadre européen, les intérêts de notre langue et la préservation de la diversité linguistique soient vigoureusement défendus.

Je vous invite donc à rappeler aux agents placés sous votre autorité les responsabilités particulières qui leur incombent au regard de la langue française, dont ils doivent systématiquement privilégier l'emploi. Les règles qu'ils sont tenus d'observer dans leurs activités en France et dans les relations internationales font l'objet de plusieurs circulaires qui, je le souligne, demeurent en vigueur.

Nos concitoyens attendent de l'Etat qu'il montre l'exemple dans l'utilisation de la langue française. Je compte sur votre vigilance pour rappeler à vos services l'importance de cet enjeu.

Jean-Pierre Raffarin

### Déclaration de l'Académie française du 21 mars 2002 sur la féminisation des noms de métiers, fonctions, grades et titres

En 1984, après que le gouvernement eut pris une première initiative en faveur de « la féminisation des titres et fonctions et, d'une manière générale, le vocabulaire concernant les activités des femmes », l'Académie française, fidèle à la mission que lui assignent ses statuts depuis 1635, fit publier une déclaration rappelant le rôle des genres grammaticaux en français. Les professeurs Georges Dumézil et Claude Lévi-Strauss, à qui la Compagnie avait confié la rédaction de ce texte, concluaient ainsi :

« En français, la marque du féminin ne sert qu'accessoirement à rendre la distinction entre mâle et femelle. La distribution des substantifs en deux genres institue, dans la totalité du lexique, un principe de classification, permettant éventuellement de distinguer des homonymes, de souligner des orthographes différentes, de classer des suffixes, d'indiquer des grandeurs relatives, des rapports de dérivation, et favorisant, par le jeu de l'accord des adjectifs, la variété des constructions nominales... Tous ces emplois du genre grammatical constituent un réseau complexe où la désignation contrastée des sexes ne joue qu'un rôle mineur. **Des changements, faits de propos délibéré dans un secteur, peuvent avoir sur les autres des répercussions insoupçonnées.** »

Cette analyse scientifique irréfutable était donc assortie, voici dix-huit ans, d'un avertissement dont il n'a été tenu aucun compte. Un catalogue de métiers, titres et fonctions systématiquement et arbitrairement « féminisés » a été publié par la Documentation française, avec une préface du Premier ministre. La presse, la télévision ont suivi avec empressement ce qui pouvait passer pour une directive régalienne et légale. Or, peu auparavant, la Commission générale de terminologie et de néologie, officiellement saisie par le Premier ministre, avait remis à celui-ci un rapport dans lequel elle déconseillait formellement la féminisation des noms de titres, grades et fonctions, par distinction avec les noms de métiers, dont le féminin découle de l'usage même. De ce rapport, le gouvernement n'a pas non plus tenu compte, alors qu'aucun texte ne lui donne le pouvoir de modifier de sa seule autorité le vocabulaire et la grammaire du français.

Sans revenir sur les arguments qu'elle exposait en 1984 et auxquels elle reste attachée, l'Académie française déplore les dommages que l'ignorance de cette doctrine inflige à la langue française et l'illusion selon laquelle une grammaire « féminisée » renforcerait la place réelle des femmes dans la société.

### 1. Valeur collective et générique du genre masculin

Il est inutile, pour désigner un groupe de personnes composé d'hommes et de femmes, de répéter le même substantif ou le même pronom au féminin puis au masculin. « Les électrices et les électeurs », « les informaticiennes et les informaticiens », « toutes celles et tous ceux » sont des tours qui ne disent rien de plus que « les électeurs », « les informaticiens », « tous ceux ». On évitera également d'indiquer entre parenthèses ou après une barre oblique la marque du féminin : « les adhérent(e)s », « les animateurs/trices », etc. De même au singulier, lorsque le masculin revêt un sens générique, de telles surcharges (« recrutement d'un/une technicien(ne) diplômé(e) », etc.) n'apportent aucune information supplémentaire et gênent considérablement la lecture. Au surplus, elles s'opposent à la règle, très générale en français, de l'accord du pluriel au masculin. Il est impossible d'écrire : « Le fauteuil et la table sont blanc(he)s. »

Ces redondances et ces alourdissements révèlent sans doute que, dans l'esprit de certains, le masculin est devenu un genre marqué au même titre que le féminin, et ne peut plus désigner que des personnes de sexe masculin. C'est ainsi que la féminisation peut introduire un déséquilibre dans les structures mêmes de la langue et **rendre malaisée la formulation des phrases les plus simples.**

### 2. Néologismes

L'application ou la libre interprétation de « règles » de féminisation édictées, de façon souvent arbitraire, par certains organismes français ou francophones, a favorisé l'apparition de nombreux barbarismes.

Il convient tout d'abord de rappeler que les seuls féminins français en *-eure* (*prieure*, *supérieure*...) sont ceux qui proviennent de comparatifs latins en *-or*. Aussi faut-il éviter absolument des néologismes tels que *professeure, ingénieure, auteure, docteure, proviseure, procureure, rapporteure, réviseure*, etc. Certaines formes, parfois rencontrées, sont d'autant plus absurdes que les féminins réguliers correspondants sont parfaitement attestés. Ainsi *chercheure* à la place de *chercheuse*, *instituteure* à la place d'*institutrice*. On se gardera de même d'user de néologismes comme *agente, cheffe, maîtresse de conférences, écrivaine, autrice*... L'oreille autant que l'intelligence grammaticale devraient prévenir contre de telles aberrations lexicales.

Enfin, seul le genre masculin, qui est le genre non marqué (il a en effet la capacité de représenter les éléments relevant de l'un et de l'autre genre), peut traduire la nature indifférenciée des titres, grades, dignités et fonctions. Les termes *chevalière, officière* (de tel ordre), *députée, sénatrice*, etc., ne doivent pas être employés.

Comme l'Académie française le soulignait déjà en 1984, l'instauration progressive d'une réelle égalité entre les hommes et les femmes dans la vie politique et économique rend indispensable la préservation de dénominations collectives et neutres, donc le maintien du genre non marqué chaque fois que l'usage le permet. Le choix systématique et irréfléchi de formes féminisées établit au contraire, à l'intérieur même de la langue, une ségrégation qui va à l'encontre du but recherché.

J.O n° 152 du 3 juillet 2001 page 10624

**Textes généraux**

**Ministère de la fonction publique et de la réforme de l'État**

Arrêté du 2 juillet 2001 portant création d'un comité d'orientation pour la simplification du langage administratif

NOR: FPPA0100079A

La ministre de la culture et de la communication et le ministre de la fonction publique et de la réforme de l'Etat,

Arrêtent :

Art. 1er. - Il est constitué auprès du ministre de la fonction publique et de la réforme de l'Etat et de la ministre de la culture et de la communication un **comité d'orientation pour la simplification du langage administratif.** Ce comité est chargé de formuler des propositions concrètes pour améliorer la qualité du langage administratif et de suivre leur mise en œuvre par le Gouvernement.

Art. 2. - Ce comité comprend :

Des membres de droit ;

Le Médiateur de la République ;

La directrice générale de la Caisse nationale d'allocations familiales ;

Le directeur général de l'administration et de la fonction publique, délégué interministériel à la réforme de l'État ;

La déléguée générale à la langue française ;

Le directeur général de l'Agence nationale pour l'emploi ;

Le directeur général des impôts ;

Le directeur général de l'Agence centrale des organismes de sécurité sociale ;

Le directeur général de la Caisse nationale d'assurance vieillesse des travailleurs salariés ;

Le directeur général de l'UNEDIC ;

Le rapporteur général de la commission pour les simplifications administratives ;

Le directeur général de la Caisse nationale de l'assurance maladie des travailleurs salariés ;

Le directeur des libertés publiques et des affaires juridiques ;

Le chef du service de l'inspection générale de l'administration du ministère de l'éducation nationale ;

© Éditions d'Organisation

Le directeur général de l'administration du ministère de l'intérieur ;

La directrice des affaires civiles et du sceau ;

La présidente de l'UFC - Que choisir ;

Le président de l'Union des centres communaux d'action sociale ;

Le président du Haut Comité pour le logement des personnes défavorisées ;

La présidente d'Emmaüs ;

Le président de l'Agence nationale pour l'information sur le logement ;

Le président de la Sauvegarde de l'adolescence ;

La présidente de l'Association pour le droit à l'initiative économique ;

Le président du Secours populaire ;

Le président du Secours catholique ;

Le président de la Croix-Rouge française ;

17 personnalités qualifiées.

Art. 3. - Le ministre de la fonction publique et de la réforme de l'Etat et la ministre de la culture et de la communication président le comité d'orientation pour la simplification du langage administratif. Ils désignent un vice-président parmi les membres du comité.

Art. 4. - Le secrétariat du comité d'orientation pour la simplification du langage administratif est assuré par la délégation interministérielle à la réforme de l'Etat et la délégation générale à la langue française.

Art. 5. - Le comité d'orientation pour la simplification du langage administratif se réunit au moins deux fois par an sur convocation du ministre de la fonction publique et de la réforme de l'Etat et de la ministre de la culture et de la communication. Il peut s'adjoindre toute personnalité ou organisme dans le cadre de groupes de travail ou lorsque l'ordre du jour le justifie.

Art. 6. - Le mandat des membres du comité est de trois ans.

Art. 7. - Le présent arrêté sera publié au Journal officiel de la République française.

Fait à Paris, le 2 juillet 2001.

La ministre de la culture
et de la communication,

Catherine Tasca

Le ministre de la fonction publique
et de la réforme de l'Etat,

Michel Sapin

## Extrait du rapport de 1999 de la
## Délégation générale à la langue française (DGLF)
## précisant le rôle de l'Académie française

Le décret du 3 juillet 1996 reconnaît à l'Académie française un rôle éminent dans l'enrichissement de la langue française. L'Académie est en effet présente à tous les échelons du dispositif, puisqu'elle est membre de droit de chaque commission spécialisée et de la commission générale de terminologie et de néologie. Elle joue en outre un rôle primordial dans l'approbation des termes publiés au *Journal officiel*, puisque son accord est indispensable pour la publication des termes et des définitions.

Le résultat de la participation active de l'Académie française à tous les échelons du dispositif est une amélioration certaine de la qualité des travaux d'enrichissement de la langue française par rapport au système précédent, tant pour le choix des termes retenus que pour la rédaction des définitions.

### A. La participation aux travaux des commissions spécialisées

La participation très active du service du Dictionnaire de l'Académie française aux travaux des commissions spécialisées de terminologie permet un dialogue très fructueux, tout au long des étapes de l'examen des termes, entre spécialistes du domaine et spécialistes de la langue et du lexique, en particulier dans le cadre de la préparation des nouvelles listes.

### B. La participation aux travaux de la commission générale

Le secrétaire perpétuel de l'Académie française est membre de droit de la commission générale de terminologie et de néologie et M. Maurice DRUON a siégé personnellement à un grand nombre de réunions en cas d'absence il s'est fait représenter par un membre de l'Académie française, le plus souvent M. Bertrand POIROT-DELPECH. Il faut regretter aujourd'hui le départ de M. Maurice DRUON qui a choisi de quitter ses fonctions au 31 décembre 1999. La commission générale doit beaucoup au Secrétaire perpétuel dont l'intérêt pour les travaux terminologiques ne s'est jamais démenti et qui a fait valoir avec une détermination et une conviction sans faille son souci que la création de termes nouveaux s'effectue dans le respect des règles fondamentales de la langue française. Mme Hélène CARRÈRE D'ENCAUSSE, élue Secrétaire perpétuel, a pris dès son entrée en fonction l'initiative d'une rencontre avec le Président de la Commission générale de terminologie et de néologie.

L'Académie est également représentée par les membres du service du Dictionnaire, qui participent en tant qu'experts aux réunions de la commission générale.

Outre l'examen des listes actuelles, l'Académie française participe très activement, par l'intermédiaire du service du Dictionnaire, aux travaux de révision des termes publiés antérieurement.

© Éditions d'Organisation

## C. L'approbation des termes

Saisie des propositions de la commission générale dans le cadre de l'article 9 du décret du 3 juillet 1996 relatif à l'enrichissement de la langue française, l'Académie française rend ses avis dans des délais très courts, bien inférieurs aux limites fixées par le décret.

Pour beaucoup des termes qui n'obtiennent pas un avis favorable en premier examen, l'Académie française formule des propositions de substitution que la commission générale réexamine après avis des experts.

Dans la plupart des cas, l'amélioration des définitions proposées par l'Académie française est retenue par la commission générale. Dans les autres cas, les remarques de l'Académie permettent des reformulations qui rendent les définitions plus claires. Lorsque l'Académie française préconise le choix d'un terme différent de celui proposé par les commissions spécialisées et la commission générale, l'accord se fait sur le terme nouveau dans la moitié des cas environ. Il arrive aussi que l'Académie française se range à l'avis des experts lorsqu'il est repris à son compte par la commission générale. Dans les autres cas, la recherche d'équivalent est ou bien abandonnée, ou bien à reprendre au niveau de la commission spécialisée.

En ce qui concerne la révision des listes publiées dans le cadre du précédent dispositif - pour laquelle le décret ne fixe pas de délai de réponse - l'Académie disposait à la fin de 1999 de la totalité des termes et définitions révisés par la commission générale, ce qui lui a permis de rendre un avis définitif avant la publication au Journal officiel des listes révisées. Cette publication devrait avoir lieu au printemps 2000.

### Résumé des observations et recommandations de la Commission générale de terminologie et de néologie dans son rapport d'octobre 1998, au Premier ministre

Les compétences du pouvoir politique sont limitées par le statut juridique de la langue, expression de la souveraineté nationale et de la liberté individuelle, et par l'autorité de l'usage qui restreint la portée de toute terminologie officielle obligatoire.

Une politique linguistique qui fait de la féminisation une priorité semble se donner pour objectif de remédier à un décalage entre les mots et les moeurs afin que la langue transcrive fidèlement l'accès des femmes à des métiers, fonctions, grades ou titres qui leur a été longtemps refusé. Cette initiative a, en France et dans les pays francophones, des précédents dont la vertu essentielle est de nous révéler les impasses à éviter.

La commission relative au vocabulaire concernant les activités des femmes, instituée en 1984, s'est heurtée à l'absence de consensus sur la légitimité et la nécessité d'une telle entreprise, mais aussi aux résistances du corps social à toute tentative autoritaire de diriger l'usage de la langue. Les pays francophones, qui sont allés jusqu'à proposer des lexiques officiels et à reformuler leurs textes juridiques, ont entrepris des réformes dont les limites apparaissent désormais clairement. La féminisation a procédé d'une dénonciation de l'usage du masculin, entendu comme effacement du féminin. Elle a empêché ainsi toute désignation claire du sujet juridique et a induit paradoxalement la création de formules linguistiques neutralisant la différence des sexes.

Les contraintes internes à la langue ne sauraient donc être sous-évaluées. La féminisation est rendue difficile car le français ne dispose pas d'un suffixe unique permettant de féminiser automatiquement les substantifs. Héritier du neutre latin, le masculin se voit conférer une valeur générique, notamment en raison des règles du pluriel qui lui attribuent la capacité de désigner les individus des deux sexes et donc de neutraliser les genres. Pour nommer le sujet de droit, indifférent par nature au sexe de l'individu qu'il désigne, il faut donc se résoudre à utiliser le masculin, le français ne disposant pas du neutre.

Si cette neutralité est exigée pour la désignation des fonctions, des titres et des grades, elle ne l'est pas pour les métiers, où l'identification entre l'individu et son activité est complète. L'usage ne s'y est pas trompé qui féminise aisément les métiers, comme en témoigne l'analyse des pratiques concernant les appellations professionnelles. Il résiste cependant à étendre cette féminisation aux fonctions qui sont des mandats publics ou des rôles sociaux distincts de leurs titulaires et accessibles aux hommes et aux femmes à égalité, sans considération de leur spécificité.

Cette indifférence juridique et politique au sexe des individus doit être préservée dans la réglementation, dans les statuts et pour la désignation des fonctions. Elle peut s'in-

© Éditions d'Organisation

cliner, toutefois, devant le désir légitime des individus de mettre en accord, pour les communications qui leur sont personnellement destinées, leur appellation avec leur identité propre. Cette souplesse de l'appellation est sans incidence sur le statut du sujet juridique et devrait permettre de concilier l'aspiration à la reconnaissance de la différence avec l'impersonnalité exigée par l'égalité juridique.

En conséquence :

La commission constate qu'il n'y a pas d'obstacle de principe à une féminisation des noms de métier et de profession. Cette féminisation s'effectue d'elle-même tant dans le secteur privé que dans le secteur public où l'usage l'a déjà consacrée dans la quasi-totalité des cas même si les travaux concernant la recherche de solutions pour les quelques termes posant un problème peuvent être encouragés.

Elle exprime, en revanche, son désaccord avec toute féminisation des désignations des statuts de la fonction publique et des professions réglementées. Elle le fait pour des raisons fondamentales de cohérence et de sécurité juridique, sans négliger les considérations pratiques liées à une éventuelle réécriture des statuts. Cela implique concrètement qu'une féminisation des appellations ne doit pas se traduire juridiquement par une modification des statuts régissant les différents corps des fonctions publiques et les différentes professions réglementées, voire par une réécriture du statut général de la fonction publique et des textes plus généraux dont ces statuts procèdent.

Elle affirme son opposition à la féminisation des noms de fonction dans les textes juridiques en général, pour lesquels seule la dénomination statutaire de la personne doit être utilisée. S'agissant des actes individuels de promotion et de nomination, il est possible de concilier la neutralité du statut avec un élément d'identité personnelle, à condition que cette pratique ne complique pas la rédaction des textes et ne nuise pas à la clarté des règles à mettre en oeuvre.

La commission considère également que, s'agissant des appellations utilisées dans la vie courante (entretiens, correspondances, relations personnelles) concernant les fonctions et les grades, rien ne s'oppose, à la demande expresse des individus, à ce qu'elles soient mises en accord avec le sexe de ceux qui les portent et soient féminisées ou maintenues au masculin générique selon les cas.

La commission estime que les textes réglementaires doivent respecter strictement la règle de neutralité des fonctions. L'usage générique du masculin est une règle simple à laquelle il ne doit pas être dérogé dans les instructions, les arrêtés et les avis de concours. Elle doit être appliquée, s'agissant des décrets, dans le titre, dans la mention du rapport, dans le corps du texte et dans l'article d'exécution.

La commission a pensé, enfin, qu'il était plus utile de se concentrer sur la problématique que de s'employer à compléter le lexique des appellations au féminin. Elle a, en effet, estimé qu'il lui revient plutôt que de proposer des solutions aux quelques rares cas difficiles de choix des termes féminisés, qui sont étudiés par ailleurs et qui seront en définitive tranchés par l'usage, de mener une réflexion qui jusqu'à présent n'avait pas été conduite sur l'emploi des appellations féminisées dans les différentes situations où il se présente et de faire, à ce propos, des recommandations conformes au génie de la langue et à la spécificité de notre droit.

J.O n° 92 du 20 avril 1994 page 5773

**TEXTES GENERAUX**

**PREMIER MINISTRE**

Circulaire du 12 avril 1994 relative à l'emploi de la langue française
par les agents publics
NOR: PRMX9400162C

Paris, le 12 avril 1994

Arrêtés et circulaires de terminologie en vigueur

Arrêtés du 12 janvier 1973 relatifs à l'enrichissement :

- du vocabulaire des techniques spatiales ;

- du vocabulaire pétrolier (Journal officiel du 18 janvier 1973).

Arrêté du 29 novembre 1973 relatif à la terminologie économique et financière (Journal officiel du 3 janvier 1974).

Arrêté du 2 janvier 1975 relatif à l'enrichissement du vocabulaire de la santé et de la médecine (Journal officiel du 16 janvier 1975).

Arrêté du 12 août 1976 relatif à l'enrichissement du vocabulaire en usage au ministère de la défense (Journal officiel du 9 novembre 1976).

Circulaire du 15 septembre 1977 relatif au vocabulaire judiciaire (Journal officiel, N.C. du 24 septembre 1977).

Arrêté du 7 décembre 1978 relatif à l'enrichissement du vocabulaire de la santé et de la médecine (Journal officiel du 17 décembre 1978).

Arrêté du 22 décembre 1981 relatif à l'enrichissement du vocabulaire de l'informatique (Journal officiel du 17 janvier 1982).

Arrêté du 27 avril 1982 portant enrichissement du vocabulaire des télécommunications (Journal officiel, N.C. du 24 juin 1982).

Arrêté du 24 janvier 1983 relatif à l'enrichissement du vocabulaire de l'audiovisuel et de la publicité (Journal officiel, N.C. du 18 février 1983).

Arrêté du 30 décembre 1983 relatif à l'enrichissement du vocabulaire de l'informatique (Journal officiel, N.C. du 19 février 1984).

Arrêté du 25 septembre 1984 relatif à l'enrichissement du vocabulaire de télédétection aérospatiale (Journal officiel, N.C. du 20 octobre 1984).

Arrêté du 3 octobre 1984 portant enrichissement du vocabulaire des télécommunications (Journal officiel, N.C. du 10 novembre 1984).

Arrêté du 5 octobre 1984 relatif à l'enrichissement du vocabulaire en usage au ministère de la défense (Journal officiel, N.C. du 30 décembre 1984).

Arrêté du 13 mars 1985 relatif à l'enrichissement du vocabulaire relatif aux personnes âgées, à la retraite et au vieillissement (Journal officiel, N.C. du 4 juillet 1985).

Arrêté du 10 octobre 1985 relatif à l'enrichissement du vocabulaire de l'audiovisuel et de la publicité (Journal officiel du 13 novembre 1985).

Arrêté du 28 novembre 1985 concernant la terminologie à utiliser dans le monde professionnel maritime (Journal officiel du 21 décembre 1985).

Arrêté du 10 janvier 1986 relatif à l'enrichissement du vocabulaire de la télédétection aérospatiale (Journal officiel du 17 janvier 1986).

Arrêté du 17 février 1986 relatif à l'enrichissement du vocabulaire de l'urbanisme et du logement (Journal officiel du 21 mars 1986).

Circulaire du 11 mars 1986 relative à la féminisation des noms de métier, fonction, grade ou titre (Journal officiel du 16 mars 1986).

Arrêté du 18 février 1987 relatif à l'enrichissement du vocabulaire économique et financier (Journal officiel du 2 avril 1987).

Arrêté du 30 mars 1987 relatif à l'enrichissement du vocabulaire de l'informatique (Journal officiel du 7 mai 1987).

Arrêté du 31 mars 1987 relatif à l'enrichissement du vocabulaire de la télédétection aérospatiale (Journal officiel du 17 avril 1987).

Arrêté du 7 avril 1987 relatif à l'enrichissement du vocabulaire des sciences et techniques de l'agriculture (Journal officiel du 15 mai 1987).

Arrêté du 23 septembre 1987 relatif à l'enrichissement du vocabulaire de la navigation maritime (Journal officiel du 1er novembre 1987).

Arrêté du 18 février 1988 relatif à la terminologie du sport (Journal officiel du 6 mars 1988).

Arrêté du 26 juillet 1988 relatif à l'enrichissement du vocabulaire de la télédétection aérospatiale (Journal officiel du 9 septembre 1988).

Arrêté du 30 décembre 1988 relatif à la terminologie des télécommunications (Journal officiel du 17 février 1989).

Arrêté du 6 janvier 1989 relatif à la terminologie économique et financière (Journal officiel du 31 janvier 1989).

Arrêté du 17 avril 1989 relatif à l'enrichissement du vocabulaire en usage au ministère de la défense (Journal officiel du 10 juin 1989).

© Éditions d'Organisation

Arrêté du 27 juin 1989 relatif à l'enrichissement du vocabulaire de l'informatique
(Journal officiel du 16 septembre 1989).

Arrêté du 18 juillet 1989 relatif à l'enrichissement du vocabulaire des transports
(Journal officiel du 12 août 1989).

Arrêté du 30 novembre 1989 relatif à l'enrichissement de la terminologie de l'ingénierie
nucléaire (Journal officiel du 27 décembre 1989).

Arrêté du 11 janvier 1990 relatif à la terminologie économique et financière
(Journal officiel du 31 janvier 1990).

Arrêtés du 14 septembre 1990 relatif à la terminologie :

- du génie génétique ;

- des composants électroniques ;

- de la télédétection aérospatiale (Journal officiel du 26 septembre 1990).

Arrêté du 18 décembre 1990 relatif à l'enrichissement du vocabulaire des transports
(Journal officiel du 29 janvier 1991).

Arrêté du 21 décembre 1990 relatif à la terminologie des sports
(Journal officiel du 29 janvier 1991).

Arrêté du 15 juin 1991 relatif à l'enrichissement du vocabulaire en usage au ministère
de la défense (Journal officiel du 31 juillet 1991).

Arrêté du 30 septembre 1991 relatif à la terminologie économique et financière
(Journal officiel du 11 octobre 1991).

Arrêté du 29 avril 1992 relatif à la terminologie des composants électroniques
(Journal officiel du 7 juin 1992).

Arrêté du 27 mai 1992 relatif à la terminologie des transports
(Journal officiel du 26 juin 1992).

Arrêté du 30 juin 1992 relatif à la terminologie du tourisme
(Journal officiel du 15 septembre 1992).

Arrêté du 27 août 1992 relatif à la terminologie de l'éducation
(Journal officiel du 11 septembre 1992).

Arrêté du 11 décembre 1992 relatif à la terminologie du sport
 (Journal officiel du 20 janvier 1993).

Arrêté du 11 février 1993 relatif à la terminologie économique et financière
(Journal officiel du 28 février 1993).

Arrêté du 19 février 1993 relatif à la terminologie de l'informatique.
(Journal officiel du 7 mars 1993).

Arrêté du 20 septembre 1993 relatif à la terminologie de l'agriculture
(Journal officiel du 4 novembre 1993).

Arrêté du 21 septembre 1993 relatif à la terminologie des transports
(Journal officiel du 4 décembre 1993).

Arrêté du 4 novembre 1993 relatif à la terminologie des noms d'Etat et de capitales
(Journal officiel du 25 janvier 1994).

Arrêtés du 2 mars 1994 relatifs à la terminologie des télécommunications
(Journal officiel du 22 mars 1994).

ÉDOUARD BALLADUR

## Lettre d'encouragement de Georges Pompidou à l'Association pour le Bon Usage du Français dans l'Administration (ABUFA), lors de sa création en 1967

Ce fut l'honneur de nos gouvernements dès le début des temps modernes que de s'intéresser aux questions de langage. Le célèbre édit de Villers-Cotterêts imposait l'idiome vulgaire et bannissait le latin des textes officiels. Décision inouïe, dont l'audace maintenant nous échappe, véritable pari que les « officiers » royaux acceptaient de tenir. Car si depuis, le monopole de notre langue n'a plus été contesté, nous le devons non seulement à nos écrivains qui en tirèrent le parti que l'on sait, mais aussi aux gens des bureaux ; ceux-ci apprirent vite à manier le français et en firent l'admirable instrument que l'Europe nous emprunta pendant plusieurs siècles. Quel meilleur exemple que le code civil, préparé par les anciens employés de la monarchie, corrigé par Bonaparte lui-même, et considéré comme l'idéal du style par un Stendhal ?

La situation du français dans l'administration s'est-elle tant dégradée aujourd'hui que vous avez cru bon de vous grouper pour veiller sur lui ? Le xx$^e$ siècle a apporté en ce domaine, comme en tant d'autres, de profonds changements. La langue populaire que les grammairiens classiques, mi-sérieux, mi-plaisants, faisaient maîtresse du bon usage, perd sa verdeur et son innocence. La syntaxe se relâche ; le vocabulaire accueille trop de termes anglo-saxons : le phénomène, qui gagne lentement toutes les classes, pourrait conduire à la désagrégation du langage courant. Radio et télévision donnent quelquefois le mauvais exemple et multiplient les erreurs, au lieu de les corriger. Voici que les textes administratifs se laissent à leur tour gangrener. **Le vocabulaire se veut précis, il tombe dans la prétention, les phrases s'enflent de formules inutiles, les décisions de l'État s'enveloppent parfois d'obscurité.**

**Or, une administration qui ne se fait pas comprendre immédiatement et sans interprète de ses administrés ne remplit pas sa mission.** La nôtre a certes bien des excuses : depuis quelques lustres, elle a vu ses tâches se diversifier et devenir techniques. Plusieurs générations avaient poli des habitudes de style. Celles-ci ne répondent plus aux besoins nouveaux et c'est peut-être un signe des temps que l'« administrateur civil » soit le dernier avatar du « rédacteur » d'antan.

Votre association a donc un rôle important à jouer, car il faut conserver et peut-être rendre à l'administration le goût et la fierté du bien écrire. Vous saurez, je n'en doute pas, lui fournir les meilleurs conseils. J'espère que votre action définira ainsi petit à petit une véritable politique linguistique, qu'elle dessinera les traits du français administratif, clair, précis et simple que tous les peuples francophones autant que les Français sont en droit d'attendre de nous. La véritable démocratie implique à tout le moins la compréhension mutuelle de l'Etat et du citoyen. Aussi, je vous adresse mes voeux les plus vifs pour la bonne conduite de vos travaux et la réussite de votre entreprise.

# Lexique

## A

**Abroger**

Retirer la force obligatoire à un acte législatif ou réglementaire. => n. abrogation ; adj. abrogatif ; abrogatoire.

**Acronyme**

Groupe d'initiales abréviatives qui se prononcent comme un nouveau mot (Afnor ).

**Addenda**

Ensemble de notes additionnelles à la fin d'un ouvrage. (des addenda).

**Additif**

Supplément, article additionnel.

**Administration centrale**

Ensemble de directions, de services et de bureaux qui assistent le ministre dans l'exercice de sa charge.

**Administré**

Intéressé ; bénéficiaire ; allocataire ; subventionné ; attributaire ; assujetti ; contribuable ; redevable ; usager.

**Agent de l'État**

Personne (quel que soit son grade) employée par les services publics : fonctionnaire. (des agents de l'État).

**Alinéa**

Commencement d'un nouveau paragraphe. Il existe 3 types d'alinéas : l'alinéa *rentrant*, qui est le plus usuel ; l'alinéa *saillant*, qui ressort en marge des autres signes ; et l'alinéa *aligné*, qui commence en alignement avec les autres.

**Allégation**

Citation qu'on fait d'un texte autorisé pour étayer une affirmation ; cette affirmation même.

**Amendement**

Modification proposée à un texte soumis à une assemblée délibérante. => v. amender.

**Ampliation**

1. Action de compléter, de développer un acte ou une requête.
2. Double authentifié d'un document. => adj. Ampliatif.

**Apurement**

Vérification de la régularisation d'un compte après laquelle l'opérateur est tenu quitte. => v. apurer.

**Assentiment**

Accord.

**Assiette**

Base de calcul.

**Assignation**

Attribution de quelque chose à quelqu'un. => v. assigner.

**Assujetti**

Dépendant d'un groupe ou soumis à une redevance. => v. assujettir.

**Attache**

Énoncé de la qualité du signataire précédant sa signature.

**Attesté**

Existence d'un mot prouvée à une époque donnée par sa présence dans un texte.

**Avatar**

Transformation (les avatars d'une loi).

**Ayant cause**

Personne qui a acquis d'une autre, appelée l'auteur, un droit, une obligation. (des ayants cause).

**Ayant droit**

Personne ayant acquis d'une autre un droit. (des ayants droit).

**C**

**Cent ; centime**

Division de l'euro (« cent » se prononce comme « sans »).

© Éditions d'Organisation

**Charte graphique**

Manuel qui définit la présentation des documents d'une organisation.

**Collationner**

Comparer un texte à l'original pour en vérifier l'exactitude. => n. collation, collationnement.

**Compétence**

1. Capacité à accomplir une tâche
2. Pouvoir dévolu à une autorité. => n. compétent.

**Conséquent**

Qui agit ou qui raisonne avec esprit de suite ; logique (c'est un homme conséquent).

**Courriel**

Terme adopté et publié par la commission générale de terminologie et de néologie au Journal officiel du 20 juin 2003, pour désigner un message et/ou une messagerie électronique.

**Courrier**

Ensemble des plis reçus ou envoyé. **Ne pas employer pour** « *lettre* ».

# D

**Délit**

Infraction que les lois punissent de peines correctionnelles. => adj. délictueux ; délictuel.

**Dénomination**

Nom attribué à un lieu, un organisme, une association.

**Dérogation**

Ne pas observer une loi, un principe. => v. déroger ; adj. dérogatoire.

**Diacritique (signe)**

Signe ajouté à une lettre de l'alphabet pour en modifier la prononciation.

**Disposition**

Chacun des points que règle une loi, un jugement. => v. disposer.

**Duplicata**

Second exemplaire d'une pièce ayant même validité ; double. (des duplicata) => n. duplicateur ; duplication ; v. dupliquer.

# E

**Émarger**

Signer en marge (un compte, un état). => n. émargement.

**Enfreindre**

Ne pas respecter un engagement, une loi (contrevenir, transgresser, violer) => n. infraction.

**En-tête**

Inscription imprimée ou gravée dans la partie supérieure d'une feuille de papier destinée à donner tous les renseignements utiles sur l'émetteur.

**Errements**

Manière habituelle d'agir, habitudes (selon les errements antérieurs). => n. f. erre (allure, train).

**Établissement public**

Élément d'organisation d'une administration. Un lycée, un musée, une perception, un hôpital… sont des établissements publics.

**Euro**

Terme désignant l'unité monétaire européenne adopté le 7 juillet 1997, publié au Journal officiel du 2 décembre de la même année. Euro prend la marque du pluriel, son symbole est €.

**Exprès, expresse**

Clair, explicite, en termes formels, officiels (en termes exprès ; faire la demande expresse). => adv. expressément.

**Express**

Rapide (message express ; note express).

# G

**Griffe**

Timbre humide* reproduisant une signature. La griffe est interdite dans les services publics.

# I

### Incidence

Effet, conséquence, retombée.

### Incident

Petit événement sans importance. => adv. incidemment ; adj. incident(e).

# M

### Mél.

Symbole désignant la « messagerie électronique » au même titre que Tél. désigne le téléphone.

### Mémento

1. Agenda
2. Aide-mémoire (des mémentos).

### Mémoire n. m.

1. Écrit exposant le point de vue de son rédacteur.
2. n. m. pl. Relation écrite qu'une personne fait des événements auxquels elle a participé ou dont elle a été témoin.

### Mémorandum

1. Note écrite adressée au Gouvernement par un diplomate (des mémorandums).
2. Mémento (mémo)

**Mentions en marge**

Courte indication, inscription ajoutée sur un écrit pour donner une précision supplémentaire : « *objet* » et « *références* » pour une lettre ou modification à apporter sur un acte d'état civil.

**Minute**

1. Original d'un acte authentique dont on ne saurait se dessaisir.
2. Manuscrit d'une lettre, brouillon.

**Modalités**

Ensemble des détails expliquant la manière dont quelque chose va être réalisé, appliqué (comment, où, quand ?).

# N

**Naguère**

Il y a peu de temps, récemment
(les dispositions de naguère).

**Nomenclature**

Lexique, liste.

# O

**Ordonnance**

1. Agencement, organisation. => v. ordonner

2. Prescription émanant du pouvoir.

3. Ordre de paiement décerné par un ministre.
=> n. ordonnateur ; ordonnancement ; v. ordonnancer.

## Ordonnancement

1. Acte administratif donnant ordre à un comptable public de régler une dépense.

2. Traitement des commandes

# P

## Pallier

Atténuer, compenser, occulter, résoudre en apparence, de manière provisoire (J'ai un Bescherelle dans le tiroir de mon bureau pour pallier les lacunes de ma formation). => n. palliatif ; adj. palliatif, palliative.

## Paraphe

Signature abrégée (souvent réduite aux initiales). => v. parapher ; n. parapheur.

## Position administrative

Situation effective du fonctionnaire : activité, disponibilité, congé parental, congé longue maladie, congé formation…

## Principe

Ce qui est à l'origine (qui, quoi et pourquoi ?).

## Prescrire

Une personne prescrit, pas un document. => n. prescription ; prescripteur ; adj. prescriptible ; prescrit, prescrite.

**Promulgation**

Décret attestant l'existence d'une nouvelle loi et ordonnant sa mise en application. => v. promulguer.

**Proroger**

Renvoyer à une date ultérieure. => v. proroger ; adj. prorogatif.

# R

**Reconduction**

Renouvellement d'un contrat arrivé à terme. => v. reconduire ; adj. reconductible.

**Requérant**

Celui qui forme une demande en justice.

**Résigner**

Abandonner son emploi, démissionner. => n. résignation ; résignataire.

**Résilier**

Dissoudre un contrat. => n. résiliation ; adj. résiliable.

**Révoquer**

1. Destituer un fonctionnaire.

2. Annuler une décision. => n. révocation ; révocabilité ; adj. révocable ; révocatoire.

# S

### Sigle

Suite de lettres initiales constituant l'abréviation de plusieurs termes formant une unité de dénomination fréquemment employée.

### Signature

Inscription qu'une personne fait de son nom (sous une forme particulière et constante) pour affirmer l'exactitude, la sincérité d'un écrit ou en assumer la responsabilité => v. signer ; n. signataire.

### Soi-disant

Qui se dit être tel. (la soi-disant ; les soi-disant). Ne s'applique, en conséquence qu'aux êtres dotés de parole.

### Sous couvert hiérarchique

Sous la responsabilité, par l'intermédiaire du supérieur hiérarchique.

### Souscription

Ce qui est écrit au-dessous d'un texte : attache de délégation + signature.

### Souscrire

Signer pour approuver.

### Stipulation

Clause énoncée dans un contrat. => v. stipuler.

### Surseoir

Remettre pour un temps ; différer. => n. sursis ; sursitaire.

**184** Lexique

### Suscription

Ce qui est écrit au-dessus d'un texte ; attache + adresse du destinataire d'un document.

## T

### Tampon (encreur)

Coussinet imprégné d'encre servant à encrer un timbre humide. => v. tamponner.

### Timbre

Dans l'Administration, marque imprimée ou gravée dans la partie supérieure d'une feuille de papier et destinée à indiquer l'origine du document.

### Timbre humide

Marque apposée, sur un document ou un objet pour en garantir l'origine, à l'aide d'une empreinte en caoutchouc et d'un tampon encreur. => v. timbrer.

## V

### Visa

Formule ou sceau accompagné d'une signature qu'on appose sur un acte pour le rendre régulier ou valable
=> v. viser.

© Éditions d'Organisation

# Bibliographie

**Les usages**

BLONDEL (Jacques) – *Correspondance militaire et relations publiques* – Lavauzelle – 1990

CATHERINE (Robert) – *Le style administratif* – Albin Michel – 1996 – 7ᵉ éd.

CATHERINE (Robert) – *Vocabulaire de l'administration* – Hachette – 1978 – 2ᵉ éd.

CHAFFURIN (Louis) – *Le parfait secrétaire* – Larousse – depuis 1954

Collectif – *Le Petit Décodeur. Les mots de l'administration en clair* – Le Robert – 2005

Gandouin (Jacques) – *Guide du protocole et des usages* – Stock – 1984

GEORGIN (René) – *Le langage de l'administration et des affaires* – ESF – 1962

LECHERBONNIER (M.-F.) – *Le savoir-vivre ; protocole et convivialité* – Albin Michel – 1994

QUERCIZE (Françoise de) – *Les bons usages* – Larousse – depuis 1952

**Guides pratiques pour rédiger**

BRAHIC (Mireille) – *Mieux rédiger vos écrits professionnels* – Éditions d'Organisation – 2003 – 2ᵉ éd.

DELVAL (Françoise) – *La lettre administrative (concours catégorie C)* – La documentation française/CNED – 1995

FERRANDIS (Yolande) – *La rédaction administrative en pratique* – Éditions d'Organisation – 1996

GANDOUIN (Jacques) – *Correspondance et rédaction administrative* – Armand Colin – 1988 – 4ᵉ éd.

**Références linguistiques**

BESCHERELLE n° 1 – *L'art de conjuguer* – Hatier – Paris

Dictionnaire de l'Académie française (de A à Enz) – *Imprimerie nationale* – Julliard – Paris – 1994

DOURNON (Jean-Yves) – *Dictionnaire d'orthographe et des difficultés du français* – Le Livre de Poche – Paris – 1982

GIRODET (Jean) – *Dictionnaire Bordas des pièges et difficultés du français* – Bordas, « les référents » – Paris – 1982

GREVISSE (Maurice) – *Le français correct* – Duculot – Paris

GREVISSE & GOOSSE – *Le bon usage* – Duculot – Paris 1993 – 13$^e$ éd.

GREVISSE & GOOSSE – *Nouvelle grammaire française* – De Boeck-Duculot – Paris 1995 – 3$^e$ éd.

JOUETTE (André) – *Dictionnaire d'orthographe et d'expression écrite* – Le Robert – Paris – 1993

THOMAS (Adolphe) – *Dictionnaire des difficultés de la langue française* – Larousse – Paris – 1997

**Comprendre la fonction publique**

Collectif – *Les institutions en France* – Nathan –Paris – 1998

# Diktyographie[1]

## Des références officielles

Les productions du COSLA :
http://www.dusa.gouv.fr/cosla/index.htm

Le répertoire terminologique de la délégation générale à la langue française (DGLF) :
http://www.culture.gouv.fr/culture/dglf/

La Poste (les services, les tarifs, la gestion des adresses…) :
http://www.laposte.fr/

Le portail du droit : http://www.legifrance.gouv.fr/

Texte de l'ordonnance de Villers-Cotterêts :
http://www.assemblee-nat.fr/histoire/villers-cotterets.asp

Les textes parus au Journal officiel depuis 1990 :
http://www.legifrance.gouv.fr/WAspad/RechercheSimpleTexte.jsp

## Des références en langue française

Le site de l'Académie française : http://www.academie-francaise.fr/ ; (vous pouvez poser vos questions)

Le site de l'association Défense de la langue française : http://www.langue-francaise.org/

Un site sur la langue française (un forum pour poser vos questions) :
http://www.languefrancaise.net

---

1. Néologisme formé sur « δικτυο » ; le réseau, mot toujours employé en grec moderne notamment en traduction de « web »

188

**Des aides pratiques**

Le dictionnaire de l'Académie (9$^e$ édition), en ligne : http://atilf.atilf.fr/academie9.htm

Le dictionnaire de l'Académie (8$^e$ édition), en ligne : http://atilf.atilf.fr/academie.htm

Le dictionnaire Trésor de la langue française (TLF) en ligne : http://atilf.atilf.fr/dendien/scripts/tlfiv4/showps.exe?p=combi.htm;java=no;

Grammaire : http://www.synapse-fr.com/grammaire/GTM_0.htm

Aide à la conjugaison en ligne : http://www.leconjugueur.com/

Dictionnaire de synonymes : http://elsap1.unicaen.fr/cgi-bin/cherches.cgi

Des astuces typographiques et informatiques : http://www.tutoweb.com/blog/index.php

www.ingramcontent.com/pod-product-compliance
Lightning Source LLC
Chambersburg PA
CBHW060540210326
41519CB00014B/3291